Laurent Mucchielli

La Doxa du Covid

Tome 1

Peur, santé, corruption et démocratie

éolienne

3e édition

(Février 2022)

Isbn : 978-2-37672-039-3 (édition papier) — Isbn : 978-2-37672-040-9 (e-pub)

« *Toute connaissance est une réponse à une question. S'il n'y a pas eu de question, il ne peut y avoir de connaissance scientifique. Rien ne va de soi. Rien n'est donné. Tout est construit* »

(Gaston Bachelard, *La Formation de l'esprit scientifique*, 1938)

« *Le microbe n'est rien. Le terrain est tout* »

(attribué à Louis Pasteur à la fin de sa vie)

« *La santé est un état de complet bien-être physique, mental et social, et ne consiste pas seulement en une absence de maladie ou d'infirmité* »

(Article 1er de la constitution de l'Organisation Mondiale de la Santé)

« *Toute Société dans laquelle la garantie des Droits n'est pas assurée, ni la séparation des Pouvoirs déterminée, n'a point de Constitution* »

(article 16 de la Déclaration des droits de l'homme et du citoyen de 1789)

« *Il n'est pas étonnant que la plèbe n'ait ni vérité ni jugement, puisque les affaires de l'État sont traitées à son insu, et qu'elle ne se forge un avis qu'à partir du peu qu'il est impossible de lui dissimuler. La suspension du jugement est en effet une vertu rare. Donc pouvoir tout traiter en cachette des citoyens, et vouloir qu'à partir de là ils ne portent pas de jugement, c'est le comble de la stupidité. Si la plèbe en effet pouvait se tempérer, suspendre son jugement sur ce qu'elle connaît mal, et juger correctement à partir du peu d'éléments dont elle dispose, elle serait plus digne de gouverner que d'être gouvernée* »

(Spinoza, *Traité politique*, 1676)

« *L'être humain ne doit jamais cesser de penser. C'est le seul rempart contre la barbarie. Action et parole sont les deux vecteurs de la liberté. S'il cesse de penser, chaque être humain peut agir en barbare* »

(Hannah Arendt, *La banalité du mal*, 1963)

« *L'autonomie de l'esprit conduit sans qu'on le veuille à la déviance. (...) La leçon que j'en tire est qu'il faut accepter la solitude et la déviance quand la vérité des faits et l'honneur sont en jeu* »

(Edgar Morin, *Leçons d'un siècle de vie*, 2021)

Table des matières

Tome I: La Doxa du Covid

Introduction

Ce livre constitue l'aboutissement d'une « enquête sur la gestion politico-sanitaire de la crise du Covid », commencée en mars 2020 durant le premier confinement. Sa motivation initiale est l'étonnement ou l'incompréhension face à certaines décisions politiques stratégiquement cruciales (en particulier le confinement général), face aux recommandations (ou plutôt à l'absence de recommandations) médicales des organismes officiellement en charge de la santé publique (en particulier les questions du dépistage par tests et du traitement précoce), face aux avis et aux modélisations statistiques du « Conseil scientifique Covid-19 », face à la polémique centrée sur la personne de Didier Raoult et finalement face à la peur qui semblait dominer totalement les esprits. Aujourd'hui comme hier, ces décisions politiques m'ont paru inefficaces voire contre-productives sur le plan médical, inutilement liberticides, potentiellement dangereuses pour la santé psychologique des individus (en particulier les enfants, les adolescents et les personnes isolées quel que soit leur âge [1]) et sources d'un accroissement des inégalités sociales entre les citoyens sur le court comme sur les moyen et long termes (les inégalités scolaires accrues pesant potentiellement sur toute la vie des personnes concernées). Quant au traitement médiatique, il m'a semblé construit de façon bien trop émotionnelle et bien trop complaisante à l'égard du discours politique et de la façon dont il manipule les données statistiques [2], contribuant à plonger les citoyens

1 En France, en 2018, 37 % des ménages étaient constitués d'une seule personne, proportion en constante augmentation (INSEE, *Tableaux de l'économie française*, Paris, édition 2021).

2 L. Mucchielli, « Les techniques et les enjeux de la mesure de la délinquance », *Savoir/Agir*, 2010, n° 14, p. 93-102.

dans des états de peur, de sidération et d'impuissance propices à toutes les dérives autoritaires, ainsi que je le constate depuis une vingtaine d'années dans le domaine de la sécurité [3]. Enfin, les prises de position des principales agences de santé publique et de certains scientifiques ou médecins apparaissant dans les médias ont rapidement réveillé un questionnement relatif aux trafics d'influence et à la corruption organisés par les industries pharmaceutiques pour tenter de contrôler non seulement la commercialisation et la prescription des médicaments, mais aussi et plus largement les politiques générales de santé publique [4]. De sorte que l'on entrevoit déjà ici la vacuité de la critique que l'on m'opposera sans cesse par la suite, selon laquelle je serais « sorti de mon domaine de compétence ». Les questions posées dans cette enquête ne sont pas des questions de virologie, mais des questions de stratégie globale de santé publique, de gestion politico-administrativo-sanitaire d'une crise, de fabrication des connaissances scientifiques, d'interprétation des données statistiques, de trafic d'influence et de corruption organisés par les industries, et de traitement médiatique de tout ceci. Autant de questions dont la sociologie peut – et même doit – s'emparer.

La première publication d'un article soulevant ces problèmes, le 29 mars 2020, sur un blog tenu depuis 2009 sur le site du journal en ligne *Mediapart*, a suscité de très nombreux commentaires [5]. Elle a aussi permis la rencontre avec des médecins, des biologistes et d'autres chercheurs en sciences sociales partageant les mêmes questionnements et les mêmes incompréhensions. Au fil des mois, un réseau informel d'une cinquantaine de chercheurs et de médecins s'est constitué et une enquête au long cours s'est déployée en une soixantaine d'« épisodes » dont ce livre reprend une grande partie [6].

---

3 Par exemple : L. Mucchielli, « Le développement de l'idéologie sécuritaire et ses conséquences en France des années 1970 à nos jours », *Regards croisés sur l'économie*, 2017, 20 (1), p. 111-121.

4 L. Mucchielli, « L'ampleur et l'étendue de la délinquance des élites », *in* P. Bonfils, L. Mucchielli, A. Roux (eds.). *Comprendre et lutter contre la corruption*, Aix-en-Provence, Presses de l'université d'Aix-Marseille, 2015, p. 33-48 ; L. Mucchielli, *Sociologie de la délinquance*, Paris, Armand Colin, 2018, 2e éd., p. 106-109.

5 Voir le chapitre I du tome 2 de ce livre.

6 Voir le « *making of* » de l'enquête et la liste complète des 68 épisodes et de leurs 46 contributeurs dans les annexes, à la fin du tome 2 de ce livre. Les articles

Ce chemin a été semé d'embûches de bout en bout. Contre toute attente, aucun débat contradictoire n'a pu se déployer dans aucun cercle intellectuel ou scientifique. Notre travail n'a pas été *discuté* ni même *disputé*, il a été ostracisé, dénigré et/ou caricaturé de façon grossière (« complotiste », « anti-vax » et autres enfantillages) [7]. Orchestrées principalement par des journalistes (souvent jeunes et inexpérimentés) et par des influenceurs de réseaux sociaux, avec la complicité active d'un groupe d'activistes « pseudo-rationalistes » et de quelques collègues universitaires liés notamment à l'Association française pour l'information scientifique (AFIS) [8], ces attaques ne visaient pas à discuter les arguments avancés dans le but de contribuer à établir la réalité des choses. Elles avaient pour but premier de déconsidérer, discréditer, délégitimer, dans le but de *faire taire* les contradicteurs, ce qui est d'une nature différente. Le procès d'intention, l'attaque *ad hominem*, la caricature et la censure ont été les principales armes déployées contre les contributeurs de cette enquête, en lieu et place de l'échange d'arguments en quoi devrait consister la *disputatio*. C'est qu'il ne s'agissait pas de science, mais d'un nouveau genre de lobbying consistant en une « manipulation de l'autorité de la science à des fins d'influence », au profit des industries [9]. Le drame étant que ceux-là mêmes (chercheurs et journalistes scientifiques) qui avaient parfois

---

non-repris ici restent consultables sur mon site (www.laurent-mucchielli.org).

7 Voir les chapitres XXXVI et XXXVII de ce livre.

8 « La communauté pseudo-rationaliste y est composée de quelques centaines de personnes, hyperactives en ligne, pour la plupart sans production scientifique (...). Les ingénieurs y sont fortement représentés, et en particulier ceux de grandes entreprises publiques privatisées. (...) Parmi les figures saillantes du milieu pseudo-rationaliste en ligne, on compte trois journalistes, (...) un animateur de télévision, (...) un entrepreneur libertarien (...), des communicants vulgarisateurs de GRDF, d'EDF, d'Orano (ex-Areva), de BASF et de Bayer, ainsi que des youtubeurs du mouvement zététique/sceptique. La tribune #NoFakeScience a récemment servi à fédérer ce milieu. Sur Twitter, les « Ze », les « Zet » et les autres forment une communauté solidaire mais hétérogène, portant des attaques en meute et, se défendant en adoptant la posture du martyr numérique » (B. Andreotti, Camille Noûs. « Contre l'imposture et le pseudo-rationalisme. Renouer avec l'éthique de la *disputatio* et le savoir comme horizon commun », *Zilsel*, 2020, 2, p. 15-53). Certains sont même devenus des alliés très actifs de ces influenceurs, à l'image – par exemple – du journaliste Sylvain Huet (*Libération*).

9 S. Foucart, S. Horel, S. Laurens, *Les gardiens de la raison. Enquête sur la désinformation scientifique*, Paris, La Découverte, 2020, p. 11.

si bien identifié le problème ces dernières années sur d'autres enjeux environnementaux et sanitaires cruciaux (la pollution de l'air, la pollution des sols et des eaux, le réchauffement climatique, etc.), se sont montrés incapables de comprendre la façon dont ce lobbying s'est déchaîné à l'occasion de la « crise du Covid » en utilisant pourtant *grosso modo* les mêmes ficelles.

Au moment où la censure parvenait à son paroxysme [10], il devenait indispensable de publier dans un livre le bilan de près de vingt mois de travail, à destination du présent, mais aussi du futur. Ce livre s'adresse en effet non seulement à celles et ceux qui continuent aujourd'hui à vouloir exercer librement leur esprit critique face à une espèce de pensée unique, mais aussi à toutes celles et ceux qui devront reprendre le flambeau à l'avenir, face aux trafics d'influence des industries et aux graves dérives scientifiques, politiques et médiatiques que cette enquête a identifiées et qui continueront certainement de se manifester.

10 Au fil des mois, le blog de *Mediapart* était devenu un point de ralliement et une sorte de mini-revue en ligne. Pourtant, le 14 octobre 2021, la rédaction de *Mediapart* m'a menacé par courriel de supprimer purement et simplement ce blog que je tiens depuis 2009 et où j'ai publié la présente enquête. Elle m'accuse en effet depuis août 2021 de publier des « fausses nouvelles », sans me dire précisément lesquelles. Chacun a cependant compris que, à *Mediapart* comme dans toute la presse *mainstream*, il était tout simplement interdit de critiquer ce que j'appelle l'idéologie vaccinale (voir le chapitre XXXVII du tome 2 de ce livre). Le fait que cet organe de presse prétende par ailleurs défendre la liberté d'expression et les lanceurs d'alerte constitue une contradiction majeure.

La doxa et son miroir complotiste

L'une de nos minuscules victoires est probablement d'avoir popularisé le concept de « doxa ». Expliquons-le en détail car il est central.

La doxa est d'abord un récit, une narration, dont il faut analyser « le schéma fondamental, la logique des actions et la syntaxe des personnages, le cours des événements ordonné temporellement », comme disait Umberto Eco [11], dans la lignée notamment de Roland Barthes [12]. Le récit se présente nécessairement comme « une série de propositions temporellement ordonnées », avec un commencement et une fin, le tout organisé autour d'une matrice sémantique donnant sa cohérence à l'ensemble [13]. C'est ensuite une narration destinée à faire adhérer le public à une explication de l'histoire qu'il a vécu ou qu'il est en train de vivre : « un récit ne trouve son sens qu'à accomplir un certain effet sur celui (ou ceux) à qui (auxquels) il est destiné » [14]. C'est aussi la base de ce que l'on appelle parfois de nos jours le *storytelling*, un ensemble de techniques de communication importées du monde marchand dans la vie politique où il renouvelle les formes classiques de propagande [15]. La doxa est enfin, sociologiquement, une norme de pensée qui concourt à un moment donné à protéger l'ordre social [16]. Elle n'est donc pas simplement le discours dominant. Ou plutôt, si elle l'est, c'est parce qu'elle est avant tout le discours *des* dominants. La doxa prend alors la dimension de ce que Bourdieu appelait une so-

---

11 U. Eco, *Lector in Fabula*, Paris, Grasset, 1985, p. 133.

12 R. Barthes, « Introduction à l'analyse structurale des récits », *Communications*, 1966, 8, p. 1-27.

13 J.-M. Adam, *Le récit*, Paris, Presses Universitaires de France, 1996, p. 12-18.

14 *Ibid.*, p. 11.

15 C. Salmon, *Storytelling. La machine à fabriquer des histoires et à formater les esprits*, Paris, La Découverte, 2007.

16 « On voit la contribution décisive qu'apporte à la conservation de l'ordre social ce que Durkheim appelait le 'conformisme logique', c'est-à-dire l'orchestration des catégories de perception du monde social qui, étant ajustées aux divisions de l'ordre établi (et par là, aux intérêts de ceux qui le dominent) et communes à tous les esprits structurés conformément à ces structures, s'imposent avec toutes les apparences de la nécessité objective », écrivait Pierre Bourdieu (*La Distinction. Critique sociale du jugement*, Paris, Minuit, 1979, p. 549-550).

ciodicée, « c'est-à-dire une justification théorique du fait qu'ils sont privilégiés »[17]. Dans le cas qui nous intéresse ici, il s'agit de faire accepter l'idée selon laquelle « ce sont les plus compétents qui gouvernent »[18], qu'ils maîtrisent l'information scientifique, qu'ils se fondent sur un « consensus scientifique » et sur des chiffres « indiscutables »[19].

La matrice de cette narration que nous appelons « doxa du covid » peut se résumer de la façon suivante : 1) une pandémie menace soudainement la survie de l'humanité entière, 2) il n'existe aucune thérapeutique pour guérir les malades, 3) il faut confiner la totalité des populations, 4) la délivrance viendra uniquement d'un vaccin. Et si notre enquête a été sans cesse attaquée, c'est parce qu'elle n'adhère pas à cette narration, estimant que les quatre éléments cités sont tous contestables d'un point de vue scientifique.

Mais si nous critiquons cette narration officielle, n'est-ce pas que nous voudrions lui en substituer une autre de type « complotiste » ? Voilà l'argument le plus courant, pourtant intellectuellement pitoyable, de nos censeurs. Le « complotisme » est l'envers du miroir de la doxa, son ennemi intime, et il est devenu au fil du temps l'argument de ceux qui n'en ont pas[20]. Une simple stigmatisation permettant précisément d'éviter d'avoir à argumenter pour démontrer le bien-fondé de telle ou telle position. L'accusation de complotisme fonctionne comme un argument d'autorité, voire même un simple slogan vide de contenu réel. Elle revient en effet à confondre l'exercice de l'esprit critique avec l'adhésion voire le prosélytisme au profit d'une eschatologie quelconque. Le véritable complotisme (ou conspirationnisme) consiste dans la proposition d'interpréter telle ou telle donnée factuelle comme autant de signes d'une histoire méconnue et inéluctable en train d'advenir, d'un complot

17 P. Bourdieu, « Le mythe de la 'mondialisation' et l'État social européen », repris dans *Contre-feux*, Paris, Raisons d'agir, 1998, p. 49.

18 *Ibid.*, p. 48.

19 « *On peut débattre de tout, sauf des chiffres* », dit le slogan d'un clip vidéo fabriqué par le ministère de la Santé lors de l'été 2021 pour inciter à la vaccination générale.

20 Voir le chapitre X du tome 2 de ce livre. Je renvoie par ailleurs aux articles de Frédéric Lordon (notamment « Le complot de l'anticomplotisme », *Le Monde Diplomatique*, 2017, octobre, p. 3-4), ainsi qu'à celui de Christian Ferrié (« Misère de l'anti-complotisme », *Per Turbas*, 10 septembre 2021).

dissimulé de la vue générale. Il suppose donc la croyance en une vision globale de l'histoire comme mue par des forces cachées, quelle que soit la nature de ces forces (généralement politiques, militaires, économiques ou religieuses). Derrière tel ou tel signe, il y aurait en réalité un « grand projet » en train de s'accomplir, sous l'action d'un groupe de personnes agissant en secret [21].

Le complotisme est donc un contre-récit, qui emprunte le schéma ancestral de la pensée magique: les vraies forces agissantes du monde se situent dans un monde parallèle caché, soustrait à nos sens; derrière des actes apparemment anodins se dissimuleraient en réalité des intentionnalités aussi malveillantes que toutes-puissantes. À ma connaissance, aucun des contributeurs à cette enquête n'a jamais écrit quoi que ce soit de ce genre, et certainement pas l'auteur de ces lignes. De fait, il n'y a dans toute cette affaire aucun grand projet organisé dans le but fondamental de détruire les économies occidentales, ni de stériliser les populations, ni de mettre à mort la démocratie. Que l'on trouve ici ou là sur Internet et sur les réseaux sociaux tel ou tel petit groupe témoignant de ce type de croyances, parfois mêlées de représentations politiques ou religieuses, est un fait, qui n'a au demeurant rien de nouveau. Mais dire que cela constitue un problème important pour les démocraties est faux, et même ridicule. Il s'agit en réalité d'un leurre, d'une diversion, entretenue par des politiciens pour conforter leur légitimité, et qui permet à leurs alliés de circonstance de prendre dans le débat public une place totalement disproportionnée au regard tant de la prétendue menace que de leurs compétences à l'analyser [22].

21 E. Taïeb, « Logiques politiques du conspirationnisme », *Sociologie et sociétés*, 2010, 42 (2), p. 265-289.

22 Le dernier avatar de cette stratégie est l'annonce par le président Macron, le 29 septembre 2021, de la mise en place d'une commission *ad hoc* pompeusement baptisée « Les Lumières à l'ère numérique », présidée par Gérald Bronner, comptant plusieurs historiens spécialistes de la Shoah (de sorte que l'on voit déjà poindre la rhétorique complotisme = extrême droite) ainsi que l'« expert » auto-proclamé Rudy Reichstadt (Y. Bousenna, « Commission Bronner: et si on surestimait l'importance du complotisme ? », *Marianne.net*, 3 octobre 2021). L'auteur de ces lignes a déjà subi les attaques directes, violentes et dénuées de contenu en provenance de ces personnes (voir le chapitre XXXVI du tome 2 de ce livre). On note enfin que, à peine nommé, le médecin membre de cette commission a dû démissionner lorsque son rôle trouble dans l'affaire du Mediator a été rendu public par la médecin et lanceuse d'alerte Irène Frachon (A. Jouan, « Sanctionné par l'Ordre et pro-Mediator : le sulfureux Pr Vallancien

En outre, cette chasse effrénée aux « complotismes » et aux « fausses informations » qu'ils véhiculent s'avère totalement contre-productive. En rejetant les citoyens refusant de se soumettre à la doxa hors de l'espace légitime de discussion, elle ne fait que les confirmer dans leur sentiment qu'ils sont dupés ou muselés, et les inciter à chercher des explications ailleurs que dans les sources officielles.

Loin de contribuer à une amélioration de la qualité du débat public, l'argument du prétendu « danger complotiste » vise fondamentalement à s'assurer de ce que Bourdieu appelait « le monopole de l'information légitime », en interdisant de questionner les motivations des principaux défenseurs et propagateurs de la doxa [23]. Or ces derniers ont bel et bien des intérêts et des motivations à imposer une vision de l'histoire. Dans tout cela, nul « complot » ourdi en secret depuis des années, mais une convergence d'intérêts qui sont principalement d'ordre financier, idéologique et politico-électoral. Et ces intérêts n'ont rien de cachés, ils s'étalent au contraire sous nos yeux. Il faut simplement les analyser sans œillères.

Une fois la diversion du « complotisme » écartée, il devient possible de réfléchir sereinement, froidement, d'observer et de se poser des questions, ce qui est la base de l'esprit scientifique [24]. Ceci conduit à des constats qui mettent en cause l'épaisseur tant intellectuelle que morale de dirigeants politiques et d'organisations à but lucratif ou pseudo-philanthropique. C'est bien entendu ce qui dérange et ce qui a amené l'ostracisation de tous les contributeurs de ce livre, eux qui ont tenté de s'exprimer dans un débat public devenu presque totalement hermétique à la contradiction, si argumentée soit-elle. Nos lecteurs jugeront sur pièces. Voici le dossier.

à la commission anti-complot », *Marianne.net*, 4 octobre 2021).

23 P. Bourdieu, *Sur la télévision*, Paris, Seuil, 1996, p. 82.

24 G. Bachelard, *La formation de l'esprit scientifique*, Paris, Vrin, 1938.

Ni l'épidémie ni la réponse à lui apporter n'ont été véritablement pensées

En 2019, est apparu dans l'énorme ville chinoise de Wuhan (environ 9 millions d'habitants) un nouveau coronavirus baptisé Sars-Cov-2 (pour *Severe acute respiratory syndrome coronavirus 2*). Par rapport à ses prédécesseurs de la même famille (le Sars-Cov-1 et le Mers-Cov), ce nouveau virus n'est pas en soi plus dangereux (sa létalité est très inférieure) mais il est en revanche plus virulent, c'est-à-dire à la fois plus contagieux, s'adaptant plus facilement à des animaux différents et connaissant plus souvent des mutations (émergence de variants successifs) au fil de sa vie de colonisateur d'organismes vivants plus complexes que lui. La date exacte de son apparition est inconnue dans la mesure où sa source elle-même n'est pas encore officiellement établie. Longtemps, l'Organisation Mondiale de la Santé (OMS), les gouvernements et les journalistes à leur traîne ont affirmé qu'il s'agissait d'une simple zoonose (une maladie infectieuse transmise à l'humain par d'autres animaux). Mais l'hypothèse d'un accident d'un laboratoire de virologie semble aujourd'hui la plus probable, malgré les dénégations cumulées du gouvernement chinois dirigeant les chercheurs concernés et du gouvernement américain qui a largement financé ces recherches virologiques ces dernières années [25].

Le Sars-Cov-2 a été dès le départ (et parfois aujourd'hui encore) présenté à tort comme une menace inédite et véritablement catastrophique pour l'humanité entière, suscitant des comparaisons avec la grippe espagnole voire avec le choléra ou même la peste, toutes choses gravement déraisonnables. Le comptage des morts a traduit cette représentation basée sur la peur. Ainsi annonça-t-on que l'on passait « la barre » des 10 000, des 20 000 ou des 100 000 morts, etc. Nous verrons que cette vision d'une courbe à la croissance exponentielle a même été théorisée par des « modélisateurs » annonçant des catastrophes

25 Voir le chapitre XV du tome 2 de ce livre. Voir aussi B. Perrier, *Sars-Cov-2. Aux origines du mal*, Paris, Belin, 2021. Pour actualiser régulièrement les connaissances sur ce point, il faut notamment suivre les recherches du groupe DRASTIC : https://drasticresearch.org/

à venir [26]. Mais la peur empêche de penser. En réalité, la dangerosité du coronavirus dépendant fondamentalement de l'état de santé de son hôte et non de sa nature intrinsèque, une confusion majeure s'est installée d'emblée entre le fait de mourir *de* la Covid et celui de mourir *avec* la Covid mais pour d'autres raisons (généralement appelées « comorbidités ») en réalité beaucoup plus déterminantes [27]. C'est la raison pour laquelle, pour apprécier la dangerosité globale de ce nouveau virus, et pour dépasser le problème des différences de comptage selon les pays [28], le seul raisonnement scientifiquement correct consiste à étudier année après année la mortalité *toutes causes confondues*. Et ceci réduit considérablement l'évaluation de cette dangerosité ainsi que l'impact démographique de cette épidémie sur les populations [29]. À tel point que, contrairement à tout ce qui peut s'entendre dans le débat public depuis le début de la crise, il est possible d'affirmer que, en 2020, la plupart des pays occidentaux n'ont connu en fin de compte qu'une légère surmortalité [30]. Cette dernière est particulièrement faible (et même parfois nulle) dans plusieurs pays européens (Allemagne, Chypre, Danemark, Grèce, Finlande, Islande, Luxembourg, Norvège, Suède). Dans les autres, on constate bien une augmentation en 2020, qui n'a toutefois rien d'un cataclysme puisqu'elle ramène généralement la mor-

---

26 Voir les chapitres XV et XXVIII du tome 2 de ce livre.

27 Dès le début du mois d'avril 2020, des statisticiens de l'INSEE avaient alerté sur cette confusion mais ils n'ont pas été entendus (y compris parfois au sein de cet organisme public): A. Bayet, S. Le Minez, V. Roux, « Mourir de la grippe ou du coronavirus: faire parler les chiffres de décès publiés par l'Insee... avec discernement », *Le blog de l'INSEE*, 7 avril 2020. Cette importante réflexion sur le comptage de la mortalité liée au Covid a fini par émerger dans le débat public dans plusieurs pays occidentaux, mais demeure inexistante en France (en Italie: F. Bechis, « Gran pasticcio nel rapporto sui decessi. Per l'Iss gran parte dei morti non li ha causati il Covid », *Il Tempo*, 21 octobre 2021; en Espagne: C. Pinar, « De morir "por Covid" a morir "con Covid": Sanidad reflexiona sobre un cambio que reduciría la cifra de fallecidos », *20 Minutos*, 6 novembre 2021).

28 J. Garcia, C. Torres, M. Magali *et al.*, « Différences de mortalité par Covid-19: conséquence des imperfections et de la diversité des systèmes de collecte des données », *Population*, 2021, 76 (1), p. 37-76.

29 On perçoit ici la sottise des journalistes et autres influenceurs qui nous qualifieront de « rassuristes » à partir de l'été 2020, comme s'il s'agissait d'une posture psychologique alors qu'il s'agit de constats scientifiques.

30 Voir les chapitres XXX et XXXI du tome 2 de ce livre pour l'analyse du cas français.

talité toutes causes confondues au niveau où elle était moins de dix ans auparavant [31].

Loin des imaginaires apeurés, la létalité du coronavirus (le nombre de morts par personnes infectées) est en réalité très faible : elle est comprise entre 0 et 1,5 % selon les pays [32]. En d'autres termes, une personne infectée a entre 98,5 et 100 % de chances d'y survivre. En dessous de l'âge de 70 ans, la létalité est même comprise entre 0 et 0,3 % (soit 99,7 % à 100 % de chances de survie). Par ailleurs, la mortalité liée au nouveau virus n'a réellement concerné que deux des cinq continents : l'Europe (inclus la Russie) et l'Amérique (nord et sud). À quelques rares exceptions de pays près, l'Asie et, plus encore, l'Afrique et l'Océanie n'ont presque pas été touchées [33]. La Covid (nom donné à la maladie parfois provoquée par l'infection au Sars-Cov-2) n'a donc concerné fondamentalement que la plupart des pays occidentaux. Et, au sein de ces pays, elle n'a pas impacté de façon uniforme les territoires ni les populations, bien au contraire. En France, par exemple, deux régions (Grand Est et Île-de-France) ont connu une forte surmortalité en 2020 et deux autres une surmortalité moins forte (Bourgogne-Franche-Comté et Hauts-de-France) tandis que toutes les autres (Bretagne, Corse, Nouvelle Aquitaine, Normandie, Occitanie, Centre-Val-de-Loire, Pays de la Loire et Sud) n'ont pas ou peu vu la différence avec les années antérieures [34]. Ensuite, tandis que la plupart des personnes jeunes et en bonne santé se sont montrées soit naturellement immunisées, soit naturellement résistantes (c'est-à-dire protégées efficacement par leur système immunitaire), les formes graves voire mortelles de Covid ont

31 Voir les graphiques situés à la fin de ce livre. Quant au comptage des « cas positifs », il dépendait évidemment avant tout de l'ampleur de la politique de dépistage et cette dernière a varié encore plus fortement selon les pays et selon les périodes au sein des différents pays (voir le chapitre XXVI du tome 2 de ce livre).

32 J. Ioannidis, « Infection fatality rate of COVID-19 inferred from seroprevalence data », *Bulletin of the World Health Organization*, 2021, 99 (1), p. 19-33.

33 Voir les données de base sur https://ourworldindata.org/

34 Voir le chapitre XXVII du tome 2 de ce livre, ainsi que A. Giraud-Gatineau et *al.*, « Evaluation of Strategies to Fight COVID-19: The French Paradigm », *Journal of Clinical Medicine*, 2021, 10 (13), 2942.

touché essentiellement deux catégories de personnes. D'abord les personnes âgées de plus 65 ans (avec une moyenne d'âge de décès située entre 83 et 85 ans), les classes d'âge précédentes n'ayant connu absolument aucune surmortalité depuis le début de l'épidémie. Ensuite les personnes déjà malades pour d'autres raisons, on parle alors de « comorbidités » (au premier rang desquelles l'obésité et les maladies cardio-vasculaires qui l'accompagnent), ce qui tend par définition à exagérer les chiffres de la mortalité ainsi qu'on l'a déjà dit. Au demeurant, constatons que ces deux dimensions majeures de la mortalité liée au Covid sont à peu près les mêmes que celles des grippes saisonnières [35]. Enfin, au sein de ces territoires et de ces populations, la mortalité liée au Covid a particulièrement affecté certaines des maisons de retraite plus ou moins médicalisées dans lesquelles sont concentrées des personnes très âgées et très fragiles [36].

Dès la fin du mois de mars 2020, au regard de la situation en Italie (pays touché précocement par rapport aux autres pays européens), des leçons cruciales de santé publique auraient dû être tirées [37]. Il était en effet déjà constaté 1) que la population-cible était celle des personnes les plus âgées (et l'Italie a la population la plus âgée d'Europe), 2) qu'un facteur important de propagation du virus était les grands rassemblements (match de football à Bergame), 3) que la pratique massive des tests en population générale permettait de repérer immédiatement les personnes infectées, de les isoler et d'éteindre l'épidémie (cas de la ville de Vò en Vénétie), 4) que les hôpitaux manquent structurellement de lits et sont chroniquement débordés l'hiver, qu'il faut donc éviter de les surcharger en en réservant l'accès aux personnes en état grave, les autres devant être soignées

35 La moyenne d'âge des personnes décédant lors des grippes saisonnières de la première décennie du XXIe siècle en France est d'environ 82 ans, les comorbidités sont également comparables : P. Vicente *et al.*, « Spécificité des caractéristiques de la mortalité liée à la grippe lors de la pandémie de grippe A(H1N1) en 2009-2010 en France », *Bulletin Épidémiologique Hebdomadaire*, 2011, n° 1.

36 En France, du 1er mars au 30 avril 2020, la mortalité a augmenté de 54 % dans les maisons de retraite, atteignant son pic durant la première moitié du mois d'avril (https://www.insee.fr/fr/statistiques/4500439).

37 S. Boccia, W. Ricciardi, J. Ioannidis, « What Other Countries Can Learn From Italy During the COVID-19 Pandemic », *JAMA Internal Medicine*, 2020, 180 (7), p. 927-928 (7 avril 2020).

précocement en médecine de ville, 5) que les hôpitaux sont un lieu majeur d'infection tant pour les malades que pour le personnel soignant, des mesures d'hygiène drastiques devant y être appliquées et le personnel soignant systématiquement testé, 6) qu'une pénurie d'appareils d'oxygénation a coûté de nombreuses vies à l'hôpital.

En d'autres termes, pour lutter efficacement contre une épidémie s'apparentant à une grippe saisonnière plus contagieuse que d'habitude, quatre choses étaient fondamentales. La première était de concentrer immédiatement les efforts de protection (lavage des mains, port du masque FFP2, gestes barrières, aération des espaces intérieurs, etc.) sur les personnes les plus vulnérables [38]. La seconde était de pratiquer massivement des tests (la séquence complète du génome du Sars-Cov-2 étant connue depuis le 11 janvier 2020) pour détecter et isoler temporairement les personnes contaminées (au sein des pays mais aussi, autant que possible, aux frontières pour placer les voyageurs infectés en quarantaine [39]). La troisième était de soigner les malades en amont de l'hôpital pour réserver celui-ci aux cas graves. Et la quatrième était de donner aux hôpitaux les consignes et les moyens d'une part de sécuriser les lieux du point de vue du risque de propagation infectieuse, d'autre part de pouvoir soigner correctement les patients en état grave (notamment en les oxygénant). En France comme dans certains autres pays occidentaux, rien de tout cela ne fut réellement fait, sauf à l'IHU de Marseille dont ce fut la force et l'honneur. Pourtant, loin d'en être remercié, cette institution publique fera l'objet d'un dénigrement politico-médiatique confinant parfois à l'hystérie. En fin de compte, la seule stratégie claire

38 Ce que rappelleront aussi Martin Kulldorff (Harvard), Sunetra Gupta (Oxford) et Jay Bhattacharya (Standford), trois éminents épidémiologistes dont je publiai la traduction française de la « Great Barrington Declaration » le 7 octobre 2020, avec l'aide de mon collègue Mathias Delori (CNRS).

39 Grâce à sa pratique systématique des tests et du séquençage des virus, l'IHU a pu retracer et cartographier les itinéraires suivis par les différents variants ayant circulé en France, on y voit l'importance des voyageurs venus d'autres pays d'Europe (Espagne, Italie, Angleterre), d'Afrique (Algérie, Sénégal, Guinée, Nigeria, Comores) et d'Asie (Chine, Inde). On comprend alors que ces mutations du virus ont provoqué non pas des « vagues » successives d'une même épidémie (contrairement à ce que le gouvernement, les médias et les « experts » des plateaux de télévision ne cesseront benoîtement de répéter) mais des épidémies successives et parfois même superposées.

et ferme que les gouvernements occidentaux comme la France seront à peu près capables de mettre en place est la campagne de vaccination qui surviendra en 2021. Ils le feront cependant avec la même absence d'analyse précise de l'épidémie, le même simplisme des schémas de pensée conduisant à une politique de vaccination intégrale et presque aveugle de la population, la même crédulité (réelle ou feinte) face au marketing des industries pharmaceutiques et les mêmes recettes de propagande consistant à discréditer toute critique (après les « complotistes », voici les « anti-vax »), fût-elle une simple mise en œuvre du principe de précaution. La réalité est pourtant, on le verra, que les nouveaux vaccins ARN/ADN sont avant tout une aubaine financière sans équivalent pour l'industrie pharmaceutique états-unienne, qu'ils ont été fabriqués en urgence, au moindre coût, testés dans des essais qui ne sont ni suffisants (dans la taille et la représentativité des échantillons de populations testées) ni véritablement sincères (dans la présentation et l'interprétation des résultats [40]) et vendus à travers des contrats iniques les exonérant de toute responsabilité au cas où ils ne tiendraient pas leurs promesses. Et, de fait, la réalité qui ne pourra pas être indéfiniment cachée est que ces nouvelles thérapies géniques (improprement appelées vaccins), *premièrement* sont impuissantes à empêcher le développement des épidémies virales au cours desquelles les virus mutent (comme l'a montré notamment le variant dit Delta au milieu de l'année 2021) [41], *deuxièmement* n'ont qu'une efficacité faible

40 P. Thacker, « Covid-19: Researcher blows the whistle on data integrity issues in Pfizer's vaccine trial », *British Medical Journal*, 2021, 375, n2635.

41 Voir le chapitre XXIII du tome 2 de ce livre ainsi qu'une récente étude comparant 68 pays dans le monde et 2 947 comtés aux États-Unis : S. Subramanian, A. Kumar, « Increases in COVID-19 are unrelated to levels of vaccination across 68 countries and 2 947 counties in the United States », *European Journal of Epidemiology*, 30 septembre 2021. Et ceci n'a rien de nouveau ni de surprenant. Les chercheurs savent notamment depuis longtemps qu'« une des problématiques majeures pour le développement d'un vaccin grippal saisonnier ou pandémique est liée à la mutation du virus et à l'apparition constante de nouveaux sous-types » (P. Loulergue, O. Launay, « Vaccins pandémiques et prépandémiques dirigés contre le virus grippal H5N1. État des lieux en 2009 », *Médecine/Sciences*, 2009, 25, p. 719–726). Ils savent aussi que, en l'absence de vaccin, les épidémies de type grippal doivent se combattre par « des mesures barrières afin de limiter la diffusion du virus dans l'entourage des cas » ainsi que par « un traitement antiviral précoce, particulièrement chez

(et très largement inférieure à l'immunité naturelle, acquise par les anciens infectés [42]) en termes de protection face aux formes sévères de la Covid (ce qui se voit déjà dans les pays les plus vaccinés tels Israël [43]) et, *troisièmement*, provoquent de nombreux effets indésirables, parfois très graves, faisant l'objet d'un déni général [44].

---

les sujets à risque » (S. Bernard-Stoecklin et *al.*, « Surveillance de la grippe en France, saison 2017-2018 », *Bulletin Épidémiologique Hebdomadaire*, 2018, n° 34).

42 Sur le déni de la force de l'immunité collective acquise par les populations infectées *versus* le mythe d'une immunité acquise par la vaccination ARNm intégrale de la population, voir P. E. Alexander, « 132 research studies affirm naturally acquired immunity to Covid-19 : documented, linked and quoted », *Brownstone Institute*, 7 octobre 2021.

43 Dès le mois d'août 2021, on pouvait constater que la majorité des Israéliens hospitalisées en soins intensifs étaient intégralement vaccinés au Pfizer (C. Deluzarche, « Pourquoi Israël, l'un des pays les plus vaccinés au monde, présente-t-il un des pires taux d'infection ? », *Futura Santé*, 26 août 2021. Voir aussi M. Kulldorf, « A review and autopsy of two Covid immunity studies », *Brownstone Institute*, 2 novembre 2021.

44 Voir les chapitres XXVIII et XXIX du tome 2 de ce livre. Cela rappelle quelque peu la façon dont les industries tentent de cacher les réalités qui ne collent pas avec le marketing commercialo-politique, par exemple le prétendu recyclage des emballages plastiques (N. Gontard, H. Seingier, *Plastique. Le grand emballement*, Paris, Stock, 2020).

La pseudo-maîtrise du virus, le confinement général

Loin d'avoir suivi ces raisonnements froids et objectifs, nombre de gouvernements ont sombré dans une sorte de dramatique péché d'orgueil consistant à croire et/ou faire croire qu'ils allaient « éradiquer le virus », au lieu de s'occuper de protéger les citoyens. Et pour cela, ils n'ont en fin de compte utilisé que deux armes, le confinement total de la population et la vaccination totale de la population. Deux idées aussi simplettes que dangereuses. Commençons par cette mesure de confinement général, qui n'était en réalité qu'un funeste pis-aller, une sorte d'aveu d'impuissance que les politiciens s'efforceront par la suite de justifier pour mieux l'occulter. Dans le cas de la France, j'ai publié à plusieurs reprises les travaux de Jean-François Toussaint (professeur de physiologie à l'Université de Paris) qui l'a bien montré [45], à l'image de ce que faisait le célèbre épidémiologiste John Ioannidis (Université de Stanford) aux États-Unis.

Le 23 avril 2020, une étude publiée par trois chercheurs, non pas dans une revue scientifique de renom mais simplement sur le site internet de l'École des Hautes Études de la Santé Publique (EHESP) de Rennes, affirmait que le premier confinement (17 mars-3 mai) avait « sauvé au moins 60 000 vies » (61 739 précisément !) [46]. En réalité, comme avec les

---

45 E. Le Bourg, Q. de Larochelambert, J.-F. Toussaint, « Étude critique d'une modélisation des effets du confinement », *Journal International de Médecine*, 2 mai 2020 (repris dans l'épisode 25 de notre enquête, le 9 septembre 2020). Voir aussi J.-F. Toussaint, « Prophètes de malheur, rendez les exponentielles ! », *Mediapart. Le blog de Laurent Mucchielli*, 18 mars 2021.

46 « Une étude inédite de chercheurs de l'EHESP montre que le confinement aurait sauvé au moins 60 000 vies », renvoyant à J. Roux, C. Massonnaud, P. Crépey, « COVID-19: One-month impact of the French lockdown on the epidemic burden », 22 avril 2020 (en ligne sur https://www.ehesp.fr/]. Constatons que nombre de journalistes n'auront de cesse de déconsidérer tout ce qui ne sera pas publié dans des revues scientifiques (articles de blogs, études en pre-print, etc.) lorsque cela n'ira pas dans le sens qu'ils souhaitaient, et perdront subitement leur esprit critique devant ce genre d'études publiées simplement sur les sites d'organismes gouvernementaux. Le même scénario se répétera en octobre 2021 avec l'étude EPI-PHARE prétendant que « la vaccination est efficace à plus de 90 % pour réduire les formes graves de Covid-19 chez les

modélisations françaises et anglaises annonçant des millions de morts en Europe, il s'agit de calculs statistiques dénués de véritable analyse épidémiologique [47]. Dans les jours suivant sa mise en ligne, cette étude a été relayée par la quasi-totalité des médias nationaux comme régionaux, et par le ministre de la Santé sur son compte Twitter (une façon de faire de la communication politique que l'on croyait réservée à Donald Trump mais qui s'est en réalité – hélas – banalisée dans le monde politique). Enfin, le 28 avril, annonçant la fin du confinement, c'est le Premier ministre Édouard Philippe qui s'en auto-congratulera à son tour devant l'Assemblée Nationale. La réalité est pourtant que l'épidémie avait commencé avant le confinement et que ce dernier ne l'a nullement fait disparaître et probablement même pas ralentie, le maximum des décès de personnes fragiles ayant eu lieu durant la première quinzaine du mois d'avril [48]. Quelques mois plus tard, la publication d'une étude s'intéressant à l'impact des couvre-feux et du second confinement ne sera au contraire pas médiatisée [49]. Il est vrai qu'elle montrait que la courbe du nombre de contaminations quotidiennes s'était inversée *avant* l'entrée en vigueur de ces mesures politiques [50]. Et ceci corroborera les principales études internationales [51]. Toutes ces études portant sur l'année 2020 montrent globalement que la dynamique de l'épidémie dépend avant tout du climat ainsi que de la proportion des personnes

---

personnes de plus de 50 ans en France » malgré des biais statistiques flagrants (*cf.* P. Chaillot, V. Pavan, X. Azalbert, « Epi-phare, une étude d'auto-validation du ministre de la Santé », *France Soir*, 12 octobre 2021).

47 Voir le chapitre XIII du tome 2 de ce livre dans lequel Juliette Rouchier (directrice de recherche au CNRS) se demande ce qu'il restera de l'épidémiologie à la fin de cette crise. Rappelons ici que les chiffres ne sont jamais indiscutables et qu'ils ne « parlent » jamais « d'eux-mêmes ». C'est toujours celui qui les emploie qui les fait parler (O. Martin, *L'empire des chiffres. Une sociologie de la quantification*, Malakoff, Armand Colin, 2020)

48 INSEE, « Évolution du nombre de décès entre le 1er mars et le 30 avril 2020 » (en ligne : https://www.insee.fr/fr/statistiques/4500439).

49 G. Spaccaferri et *al.*, « Early assessment of the impact of mitigation measures to control COVID-19 in 22 French metropolitan areas, October to November 2020 », *Eurosurveillance*, 2020, 25 (50), 2001974.

50 J.-F. Toussaint, « Une étude montre-t-elle que le deuxième confinement n'était pas nécessaire ? », *Mediapart. Le blog de Laurent Mucchielli*, 23 décembre 2020.

51 J.-F. Toussaint, « L'hypothèse de l'efficacité du confinement est démentie par la science actuelle », *Mediapart. Le blog de Laurent Mucchielli*, 3 février 2021.

très âgées au système immunitaire affaibli dans l'ensemble d'une population, et non de la nature ni de la date des mesures de confinement prises par les gouvernements [52]. Au demeurant, les pays qui ont imposé à leur population les confinements les plus durs et les plus longs (le Pérou et l'Argentine) figurent également dans le triste sommet de classement mondial officiel de la mortalité liée au Covid.

Derrière ces manipulations statistiques permettant au pouvoir politique de s'autocongratuler, reste une question jamais sérieusement posée : celle des multiples impacts négatifs de ces confinements à répétition sur la société tout entière. Impacts sanitaires sur la contamination au sein de la cellule familiale et au sein des foyers d'enfants ou de personnes âgées, retards et déprogrammations des autres interventions médicales, mort à domicile par peur ou impossibilité de se rendre à l'hôpital ou d'y trouver une place. Impacts psychologiques généraux : les ravages du stress, de l'isolement affectif et social, de la peur de mourir ou de voir mourir ses proches, la dépression et les idées suicidaires chez les jeunes, le syndrome de glissement chez les personnes âgées. Impacts psychologiques au sein des familles conflictuelles avec en filigrane la question des violences conjugales et intra-familiales. Impacts probablement majeurs et durables sur la scolarité d'une partie des enfants et des adolescents des milieux populaires (où l'on n'a ni sa chambre à soi ni son ordinateur personnel, et où les confinements ont engendré un nouveau type de décrochage scolaire). Impacts socio-économiques avec une explosion du chômage et de la pauvreté à court terme, en partie compensée par de généreuses aides financières permises par un endettement majeur que paieront les générations à venir (à qui l'on serinera encore longtemps qu'il faut réduire les dépenses publiques et le coût de cette dette [53]). Impacts socio-économiques à court, moyen et long terme de la mise à l'arrêt de pans entiers de l'économie et de l'administration. Impacts politiques et démocratiques de la mise à l'arrêt de la justice et d'un fonctionnement parlementaire réduit à peau de chagrin par un « état d'urgence sanitaire »

52 Q. De Larochelambert et *al.*, « Covid-19 Mortality: A Matter of Vulnerability Among Nations Facing Limited Margins of Adaptation », *Frontiers in Public Health*, 2020, 8, 604339.

53 S. Lucbert, *Le ministère des contes publics*, Paris, Verdier, 2021.

reconduit presque indéfiniment par le pouvoir exécutif. Tout ceci n'a fait à ce jour et à notre connaissance l'objet d'aucune tentative d'évaluation digne de ce nom de la part des pouvoirs publics.

L'abandon des malades

À cette première question majeure, celle du confinement et de ses impacts réels, s'ajoute une deuxième interrogation, peut-être plus grave encore tant elle était pourtant simple à régler : comment soigner les gens afin d'éviter que l'infection par le coronavirus n'entraîne une réaction inflammatoire disproportionnée de l'organisme, provoquant la maladie appelée la ou le Covid ? Encore fallait-il poser en amont l'impératif du soin, qui n'est autre que le fondement même du rôle et du devoir de tout médecin. Or ce gouvernement et ces autorités sanitaires ont émis en guise de directives médicales d'urgence (*medical guidelines*) les consignes suivantes :

> « Je suis atteint par le coronavirus et je dois rester chez moi jusqu'à ma guérison.
>
> En général, la guérison intervient en quelques jours avec du repos et, si besoin, avec un traitement contre la fièvre.
>
> Je peux prendre du paracétamol pour faire baisser la fièvre,
>
> Je ne dois pas prendre d'anti-inflammatoires comme l'ibuprofène sans avis de mon médecin.
>
> Je téléphone à mon médecin si j'ai un doute sur l'évolution de ma maladie. Si j'ai des difficultés à respirer, j'appelle immédiatement le 15 » [54].

Dans les médias, les médecins « officiels » déclineront cette (dramatique) consigne comme par exemple ici, sur *Europe 1* :

> « En cas de fièvre, de douleurs à la gorge ou articulaires, il n'y a qu'une seule chose à prendre : le paracétamol ». Quant aux antibiotiques, « ils ne sont d'aucune utilité. En cas de surinfection, les médecins

---

54 « Je suis atteint par le coronavirus et je dois rester chez moi... » [https://solidarites-sante.gouv.fr]. Sur l'absence de *medical guidelines* de la part de la HAS, au contraire de beaucoup d'autres pays, *cf.* E. Roche, « Mais où est donc passée la Haute Autorité de Santé ? », *Mediapart. Le blog de Laurent Mucchielli*, 16 avril 2020.

décident de donner des antibiotiques, mais ce sera un traitement réservé plutôt à l'hospitalier. [...] Les antibiotiques n'ont absolument pas leur place dans le traitement du coronavirus » [55].

Une telle attitude constitue un refus dogmatique de prendre en charge et de soigner. En effet, le paracétamol est un anti-douleur qui soulage un symptôme mais ne soigne pas une maladie. Il présente de surcroît une dangerosité certaine (et bien supérieure à celle de l'hydroxychloroquine) en cas de surdosage[56]. Quant au refus des antibiotiques et des anti-inflammatoires, il confine à un dogme idéologique totalement irresponsable et constitue une dramatique erreur médicale. Car si les antibiotiques n'ont pas d'action antivirale, ils ont en revanche une forte action anti-bactérienne et/ou anti-inflammatoire. Et la Covid réside précisément dans un emballement du système immunitaire provoquant une inflammation des voies respiratoires que l'organisme ne parvient plus à contrôler seul [57]. Au même moment, l'IHU de Marseille proposera une véritable thérapie précoce associant un antiviral et immunomodulateur (l'hydroxychloroquine, plus connu sous la marque Plaquénil, couramment utilisé contre le paludisme et les rhumatismes inflammatoires, ayant de surcroît déjà fait ses preuves contre les coronavirus [58]) avec un antibiotique de la famille des macrolides aux propriétés anti-bactérienne et anti-inflammatoire (l'azithromycine, plus connu sous la marque Zithromax, couramment utilisé contre les infections des voies respiratoires). Au terme de l'année 2020, sur une cohorte de près de 10500 personnes testées positives et prises en charge à l'IHU avec ou sans la bithérapie proposée, la mortalité générale est de 0,15 % et elle tombe à 0,06 % (soit 2,5 fois moins) chez celles qui ont reçu le traitement [59]. En

55 U. Pascolo, « Coronavirus: nos conseils si vous êtes malade chez vous », *Europe 1*, 13 mars 2020 (en ligne).

56 Voir l'entretien avec le professeur de toxicologie J.-P. Bourdineaud (chapitre X du tome 2 de ce livre).

57 Voir le chapitre IV du tome 2 de ce livre.

58 A. Savarino *et al.*, « Effects of chloroquine on viral infections: an old drug against today's diseases », *The Lancet*, 2003, 3 (11), p. 722-727; M. Vincent *et al.* « Chloroquine is a potent inhibitor of SARS coronavirus infection and spread », *Virology journal*, 2005, 2, 69.

59 M. Million et *al.*, « Early combination therapy with hydroxychloroquine

France, en moyenne nationale, elle est pourtant de 1,6 % (soit plus de dix fois supérieure à celle constatée dans la cohorte de Marseille sur l'ensemble des malades [60]). Quant à la stratégie nationale consistant à laisser se dégrader la santé des malades au motif que la plupart d'entre eux se rétabliraient d'eux-mêmes et à hospitaliser les autres une fois les symptômes de détresse respiratoire devenus trop forts, elle a conduit au désastre que résume le taux de 20 % de mortalité hospitalière des patients Covid [61].

S'il a focalisé l'attention des médias, l'IHU de Marseille fut loin d'être le seul à réclamer que l'on soigne réellement et précocement les malades et à montrer que c'était très efficace. Au même moment (fin février, début mars 2020), nombre de médecins généralistes s'étaient émancipés du refus de soin en quoi consiste la simple prescription de paracétamol. Partant du constat qu'ils avaient affaire à une inflammation des voies respiratoires, ils ont utilisé ces mêmes antibiotiques (les macrolides) avec de très bons résultats que nous avions rapportés dans un entretien après avoir interviewé une dizaine d'entre eux [62]. Ainsi cette généraliste de l'Isère, avec laquelle nous ferons le point sur sa patientèle Covid : 350 patients symptomatiques traités principalement au Zithromax, 4 hospitalisations (soit 1,1 %), 0 décès. Malgré une interview précoce dans la presse locale, elle tiendra par la suite à rester cependant anonyme car sera menacée de sanctions par l'Ordre des médecins si elle parlait de nouveau à des journalistes [63]. Dans le Grand-Est, le docteur Erbstein aura des résultats similaires mais n'aura pas cette prudence. Il assumera au grand jour sa rupture d'avec les consignes officielles en publiant même un livre au titre on ne

---

and azithromycin reduces mortality in 10,429 COVID-19 outpatients », *Reviews in Cardiovascular Medicine*, 2021, 22 (3), p. 1063-1072.

60 Les données officielles sur la mortalité liée au Covid sont notamment collectées par la Johns Hopkins University of Medicine (avec les réserves méthodologiques expliquées supra). Voir le tableau 1 à la fin de ce livre.

61 Agence Technique de l'Information sur l'Hospitalisation, *Analyse de l'activité hospitalière 2020 Covid-19*, Paris, ATIH, 2021, p. 2.

62 L. Mucchielli, « Covid-19 : 'Il n'y a pas de démocratie sanitaire quand les professionnels de terrain sont à ce point méprisés' », *Alternative Santé*, 22 décembre 2020.

63 Tout au long de cette crise, l'Ordre des médecins n'a cessé de poursuivre les médecins refusant les consignes officielles de ne pas soigner (*cf.* infra). Ceci mériterait une enquête en soi.

peut plus explicite : « Je ne pouvais pas les laisser mourir » [64]. Il y raconte aussi le torrent d'insultes et de menaces reçues sur les réseaux sociaux par ceux qu'il appelle justement « la ligue des *No fake med* ». Enfin, nous avons également publié l'article d'un groupe de médecins s'occupant notamment d'un EHPAD en région parisienne, qui a soigné avec le protocole de l'IHU de Marseille et n'a connu aucune surmortalité en 2020 par rapport aux années antérieures [65]. Et pourtant, rien n'y fera. Pas même l'appel solennel (et la pétition associée, qui recueillera pourtant plus de 600 000 signatures dont celle d'un autre ancien ministre de la Santé, Michèle Barzach) lancé par Philippe Douste-Blazy et Christian Perronne le 3 avril 2020, en soutien de la proposition thérapeutique de l'IHU de Marseille [66]. Ni la création de l'association « Laissons les médecins prescrire » coordonnée par le docteur Violaine Guérin et qui compta rapidement plusieurs milliers de médecins dans ses rangs [67]. Ni les collectifs locaux parfois très soutenus par leurs concitoyens [68]. Dès la fin du mois de mars, le gouvernement français aura réussi à paralyser les médecins généralistes dont les statistiques de consultations s'écroulent subitement au cœur de la bataille [69].

Ici réside probablement la faute la plus grave (car la plus mortifère) de ces gouvernements occidentaux qui, comme en France, ont donc donné comme consigne fondamentale aux médecins généralistes de *ne pas soigner leurs malades*. Le résultat se mesure dans les données statistiques de l'Assurance maladie,

64 J.-J. Erbstein, *Je ne pouvais pas les laisser mourir*, Bussy Saint-Georges, JDH Éditions, 2020.

65 Voir le chapitre XXI du tome 2 de ce livre. Dans un article récent, l'équipe de l'IHU de Marseille a montré que la mortalité dans les EHPAD et autres maisons de retraite avait augmenté de 61,6 % à Paris entre 2019 et 2020, contre 1,7 % à Marseille (A. Giraud-Gatineau et *al.*, « Evaluation of Strategies to Fight COVID-19: The French Paradigm », Op. cit., tableau 4).

66 « Chloroquine : 'Ne perdons plus de temps !', l'appel de personnalités médicales », *Le Parisien*, 3 avril 2020.

67 « Qui sommes-nous ? », en ligne sur https://stopcovid19.today/

68 À l'image du collectif de La Réunion « Covid Médecins 974 » qui compte une quinzaine de médecins, est soutenu officieusement par nombre de leurs confrères et par une partie des responsables locaux (dont l'ancienne secrétaire d'État et ancienne présidente du Conseil régional Margie Sudre, également médecin anesthésiste-réanimatrice).

69 Ce que Dominique Andolfatto et Dominique Labbé montrent dans le chapitre XVIII du tome 2 de ce livre.

qui enregistrent mensuellement les prescriptions médicamenteuses [70]. On y constate que les prescriptions de macrolides et d'hydroxychloroquine se sont envolées en mars 2020 avant de quasiment disparaître en avril et mai. Et on y observe aussi, à l'inverse, une explosion des prescriptions de Rivotril étrangement autorisées à titre dérogatoire dans les EHPADs par un décret spécial du Premier ministre Édouard Philippe en date du 28 mars 2020 [71]. Or le Rivotril est un médicament antiépileptique dont il suffit de lire la notice d'emploi (ou de consulter le Vidal) pour s'apercevoir qu'il est au contraire déconseillé d'une part chez les personnes très âgées, d'autre part chez les personnes souffrant d'insuffisances cardiaques et respiratoires. Il est donc légitime de se demander si son usage, au cœur de l'épidémie du printemps 2020, n'a pas en réalité correspondu à une forme d'euthanasie n'osant pas dire pas son nom [72]. En d'autres termes, en France, le gouvernement a d'une part empêché les médecins généralistes de soigner précocement les malades de la Covid, d'autre part autorisé en quelque sorte leur euthanasie lorsqu'ils arrivaient à l'hôpital dans un état désespéré. Et il faudrait le soutenir en répétant après lui qu'on ne pouvait pas faire mieux ? Ne devrait-on pas plutôt parler de non-assistance à personnes en danger ?

Le comble est que le gouvernement et les agences sanitaires officielles ne seront pas même capables de recommander d'urgence la vitamine D que l'on sait depuis longtemps essentielle pour renforcer les défenses immunitaires, tant en prévention qu'en cours de maladie [73]. C'était pourtant la me-

---

70 https://assurance-maladie.ameli.fr/etudes-et-donnees/entree-par-theme/medicaments-et-dispositifs-medicaux/medicaments/medicaments

71 Décret nº 2020-360 du 28 mars 2020 complétant le décret nº 2020-293 du 23 mars 2020 prescrivant les mesures générales nécessaires pour faire face à l'épidémie de covid-19 dans le cadre de l'état d'urgence sanitaire.

72 « Covid : du mythe aux statistiques, les vérités cachées », *Anthropologiques. Le blog de Jean-Dominique Michel*, 10 février 2021 ; P. Chaillot (*Décoder l'Eco*), « La mortalité en Europe : l'urgence d'arrêter la psychose », *Agoravox*, 16 juin 2021.

73 Et ce malgré un communiqué favorable de l'Académie de médecine (« Communiqué de l'Académie nationale de Médecine : Vitamine D et Covid-19 », 22 mai 2020) et de très nombreux travaux de recherche (par exemple C. Annweiler et *al.*, « Vitamin D and survival in COVID-19 patients: A quasi-experimental study », *Journal of Steroid Biochemistry and Molecular Biology*, 2020, 204, 105771).

sure la plus simple, la plus sûre, la plus immédiate et la moins coûteuse.

Il faut l'admettre, nous avons assisté à un déni complet du soin (un « nihilisme thérapeutique » dira le médecin américain Peter McCullough en octobre 2021 au congrès annuel de l'Association of American Physicians and Surgeons [74]), déni qui est à la fois gravissime et difficile à comprendre. Pour notre part, nous ne voyons que deux interprétations possibles. La première est l'impact négatif sur le corps médical de la grande diversion qu'a constitué la polémique centrée sur la personnalité de Didier Raoult et la prétendue toxicité de l'hydroxychloroquine. La seconde est l'influence corruptrice des industries pharmaceutiques cherchant à discréditer toute thérapie précoce basée sur des médicaments bon marché car tombés dans le domaine public, pour laisser le champ libre d'abord à des antiviraux brevetés (le Remdesivir de Gilead) puis à la solution vaccinale à venir et aux extraordinaires promesses d'enrichissement qu'elle annonçait.

---

74 « Dr McCullough Discusses 'Winning the War Against Therapeutic Nihilism' », *Trial Site News*, 12 octobre 2021.

Posture guerrière, mesures liberticides et fiasco bureaucratique

La plupart des pays occidentaux – pas tous, donc [75] – ont adopté des mesures comparables durant la « crise de la Covid ». Il ne s'agit donc pas de critiquer spécifiquement la France et ses dirigeants du moment, et l'analyse serait la même quelle que soit la couleur politique de ces derniers. On ne s'intéresse pas ici aux personnes (et encore moins à leurs calendriers politico-électoraux), mais aux logiques de leurs discours et aux mécanismes de leurs décisions.

En France, au début fut l'insouciance, à un point qui dit d'emblée l'amateurisme et la méconnaissance de la situation. Le 19 février 2020, un communiqué du ministère de l'Europe et des affaires étrangères annonçait en effet que « *la France a décidé de manifester sa solidarité à l'égard du peuple chinois confronté à l'épidémie de Coronavirus. Un Airbus A 380 affrété par la France a décollé ce soir de l'aéroport de Paris-Charles-de-Gaulle à destination de Wuhan. Cet appareil transporte des équipements médicaux dédiés à la lutte contre le coronavirus destinés aux personnels soignants mobilisés, qui luttent contre l'épidémie de Coronavirus. Ce fret de solidarité de 17 tonnes comprend notamment des combinaisons médicales de protection, des masques, des gants et des produits désinfectants* » [76]. La tragi-comédie et les tours d'illusionnisme commençaient. Car ce même matériel médical s'avérera manquer cruellement dans les hôpitaux français dès les semaines suivantes. À peine quatre jours après cet affichage politique, le 23 février, l'administration commandait en urgence plusieurs millions de masques FFP2 [77]. De façon générale, quelques jours

75 En Europe, les pays scandinaves se démarquent clairement. La Suède, la Norvège et l'Islande n'ont jamais confiné, le Danemark et la Finlande ont émis de simples recommandations de rester autant que possible chez soi, sans contrôle policier. Ce sont aussi des pays où la culture démocratique est très forte.

76 Communiqué du ministère de l'Europe et des affaires étrangères, en date du 19 février 2020, sur l'envoi de fret médical en solidarité avec la Chine à destination des structures hospitalières de Wuhan et de la province du Hubei. Tous les discours publics cités ici sont consultables sur le site https://www.vie-publique.fr/discours/

77 H. Bergeron, O. Borraz, P. Castel, F. Dedieu, *Covid-19, une crise*

plus tard (le 6 mars), le premier ministre, Édouard Philippe, annonçait que l'épidémie progressait dans l'Oise et de Haut-Rhin, mais assurait que « *notre système de santé a les moyens d'y faire face* » [78]. Las, il ne les avait plus depuis longtemps, le chef du gouvernement aurait dû le savoir et le ministre de la Santé le savait pertinemment au moins depuis le mois de mai 2019 [79].

Le 12 mars 2020, soit au lendemain de l'annonce par l'OMS d'une « pandémie », le président de la République, Emmanuel Macron, justifiait sa décision de maintenir la tenue des élections municipales au nom de la science : « *J'ai interrogé les scientifiques sur nos élections municipales, dont le premier tour se tiendra dans quelques jours. Ils considèrent que rien ne s'oppose à ce que les Français, même les plus vulnérables, se rendent aux urnes* » [80]. Il reconnaissait que « *depuis quelques semaines, notre pays fait face à la propagation d'un virus, le Covid-19, qui a touché plusieurs milliers de nos compatriotes* », mais estimait (à juste titre mais parce que cela l'arrangeait à ce moment-là) que « *dans l'immense majorité des cas, le Covid-19 est sans danger, mais le virus peut avoir des conséquences très graves, en particulier pour celles et ceux de nos compatriotes qui sont âgés ou affectés par des maladies chroniques comme le diabète, l'obésité ou le cancer* » [81].

Quatre jours plus tard, tout bascula. « Nous sommes en guerre », martela Emmanuel Macron dans une allocution solennelle le 16 mars, annonçant la plupart des ingrédients d'une gestion politique étatiste hyper-centralisée et autoritaire qui ne se démentira plus par la suite. Les premiers de ces ingrédients furent d'emblée la peur, l'infantilisation et la culpabilisation : « *A tous ceux qui, adoptant ces comportements, ont bravé les consignes, je veux dire ce soir très clairement : non seulement vous ne vous*

---

organisationnelle, Paris, Presses de Sciences Po, 2020, p. 25.

78 Déclaration de M. Édouard Philippe, Premier ministre, sur un point de situation concernant le niveau 2 de l'alerte de l'épidémie de Covid-19, à Paris le 6 mars 2020.

79 Date à laquelle l'agence Santé Publique France avait rendu un rapport pointant ce grave déficit et réclamant la constitution d'un stock d'un milliard de masques afin d'être prêts en cas de pandémie (R. Ferrario, « Scandale, un rapport de Santé Publique France de mai 2019 réclamait 1 milliard de masques ! », *Bellaciao*, 26 mars 2020).

80 Déclaration de M. Emmanuel Macron, président de la République, sur la lutte contre l'épidémie de COViD-19, l'engagement des personnels soignants et la protection des personnes vulnérables, à Paris le 12 mars 2020.

81 *Ibid.*

protégez pas vous – et l'évolution récente a montré que personne n'est invulnérable y compris les plus jeunes [le contraire était affirmé quatre jours plus tôt] – *mais vous ne protégez pas les autres. Même si vous ne présentez aucun symptôme, vous pouvez transmettre le virus. Même si vous ne présentez aucun symptôme, vous risquez de contaminer vos amis, vos parents, vos grands-parents, de mettre en danger la santé de ceux qui vous sont chers* » [82]. S'ensuivit l'annonce du confinement, première d'une très longue série de mesures aussi bureaucratiques que liberticides, censées protéger la population au nom de la Science et au nom du Bien.

Peur, infantilisation et culpabilisation, disons-nous. Et ceci fut permanent. Lors du premier confinement, le gouvernement et les chaînes de télévision proposaient ainsi chaque soir une de ces grandes « cérémonies télévisuelles » maximisant les émotions individuelles et collectives devant le décompte officiel des hospitalisations et des décès [83], tandis qu'ils faisaient applaudir ces mêmes soignants, qui étaient en grève depuis deux ans dans l'indifférence, et qui deviendront par la suite des parias quand ils refuseront d'être vaccinés obligatoirement, eux qui avaient fait les frais de l'AstraZeneca dès le mois de février 2021 (on y reviendra). À peine le pic épidémique passé, le gouvernement et ses affiliés ne cesseront d'annoncer une « deuxième vague » à venir si les Français « se relâchaient » et se montraient « indisciplinés ». Puis ce sera la troisième vague, la quatrième, la cinquième, etc. Et, à chaque fois, correspondra un confinement ou un couvre-feu. Comme si l'évolution de l'épidémie dépendait fondamentalement des décisions du gouvernement/parents et du degré d'obéissance des citoyens/enfants. Las, la réalité est que les virus mènent leur vie, ils se multiplient, colonisent de nouveaux organismes et de nouvelles espèces, mutent, puis perdent de leur virulence et sont supplantés par d'autres virus, le tout sans que ni les discours politiques des uns ou des autres ni le respect de tel ou tel « protocole

---

82 Déclaration de M. Emmanuel Macron, président de la République, sur la mobilisation face à l'épidémie de COVID-19, la guerre sanitaire contre le coronavirus et sur les nouvelles mesures adoptées (report du 2e tour des municipales, suspension des réformes en cours, restrictions de déplacement...), Paris, le 16 mars 2020.

83 D. Dayan, E. Katz, *La télévision cérémonielle*, Paris, Presses Universitaires de France, 1996.

sanitaire » par les citoyens n'y change rien d'essentiel. Fort de son travail inlassable de test de la population et de séquençage génomique, l'IHU de Marseille a été le premier à l'expliquer au grand public, dès le mois de septembre 2020 [84], et il a fallu de longs mois avant que ces évidences épidémiologiques (connues de longue date) soient admises par les « autorités sanitaires » et les « experts » officiels [85], que les « variants » deviennent familiers du débat public et qu'ils entrent même pleinement dans la communication gouvernementale et médiatique, remplaçant les précédentes « vagues » pour maintenir la population en état d'alerte et de stress permanents [86]. L'immodestie fondamentale de nos dirigeants politiques n'a ainsi d'égale que l'inutilité des contraintes et souffrances qu'ils ont infligées aux citoyens [87]. Et, contrairement à l'idée (politique elle aussi) selon laquelle « on ne pouvait pas faire mieux » ou « tous les pays ont fait à peu près la même chose », il faut reconnaître que la France s'est hélas révélée une championne de la restriction des libertés.

Des chercheurs en science politique de l'Université d'Oxford ont créé un programme de recherche (baptisé « Covid-19 Government Response Tracker ») et un site Internet dédié qui compare les politiques publiques mises en œuvre face à la crise dans 180 pays du monde, à travers 23 indicateurs [88]. Et, dans le contexte actuel, il faut préciser qu'ils ne sont pas suspects de vouloir critiquer en quoi que ce soit la légitimité de ces mesures, bien au contraire. Ce travail permet de cartographier et de visualiser l'évolution dans le temps (depuis janvier 2020) de ces politiques publiques dont le degré de sévérité (*strictness*) est mesuré sur une échelle allant de 0 à 100. On y constate que, à l'exception de l'été

---

84 D. Raoult, *Carnets de guerre. Covid-19*, Paris, Michel Lafon, 2021, p. 366 et suiv.

85 Tels Bruno Lina et Karine Lacombe, par exemple.

86 Qu'on les dénomme par leur provenance géographique supposée (variants « brésilien », « anglais », « sud-africain », « indien », etc.) ou par d'autres expressions (variants « alpha », « béta », « delta », « gamma », etc., dans le langage de Santé Publique France, « Coronavirus : circulation des variants du SARS-CoV-2 », 3 mai 2021).

87 Ajoutons une autre caractéristique de ce traitement bureaucratique hyper-centralisé de la crise : son uniformité. Les confinements ont été appliqués à la totalité des régions et départements métropolitains et ultra-marins, même lorsqu'ils n'étaient pas concernés par l'épidémie.

88 https://www.bsg.ox.ac.uk/research/research-projects/covid-19-government-response-tracker

2020, la France figure dans le peloton de tête des pays les plus restrictifs de libertés, avec l'Italie, la Grèce, l'Irlande et certains pays d'Europe de l'Est (Russie, Ukraine, Albanie, Moldavie). La France a ainsi été l'un des pays européens les plus restrictifs en termes de libertés privées et publiques, qu'il s'agisse des cérémonies religieuses, des enterrements, des mariages, des ouvertures de commerces, de lieux culturels, des bars et restaurants, des horaires des couvre-feux, etcetera.

Autre symptôme de notre époque, la France est, avec le Portugal, l'un des deux pays à avoir quitté en 2020 le premier groupe (*full democraties*) dans le classement mondial du niveau de démocratie proposé chaque année par *The Economist* [89]. Il faut dire que peu de pays ont poussé aussi loin la sophistication des interdits et la réalité de leur surveillance policière. Donnons-en un exemple des plus concrets.

Dès le premier confinement, le gouvernement français n'a pas émis des *recommandations* à destination de la population, mais des *obligations* sous peine de sanctions pénales. La France est ainsi, à notre connaissance, le seul pays occidental à avoir mis en place un système d'attestation de sortie auto-rédigées à présenter obligatoirement pour aller faire ses courses, pour aller au travail, accompagner quelqu'un chez le médecin et même faire du sport, pour une durée maximale d'une heure et dans un rayon de 1 km autour de son domicile [90]. Même en Italie, autre pays particulièrement « sévère », un tel système n'a été imposé que pour justifier les déplacements pendant le couvre-feu, entre 22 h et 5 h du matin. En France, aux termes de la loi sur l'état d'urgence sanitaire du 23 mars 2020, une amende de 135 euros était donc prévue, qui pouvait monter jusqu'à 1 500 euros en cas de récidive dans les 15 jours et même devenir un délit (et non plus une contravention) passible de 3 750 euros d'amende et 6 mois de prison en cas de récidive à trois reprises dans le mois. Et ceci n'a pas été une mesure symbolique. En avril 2021, le ministère de l'Intérieur annonça ainsi que, en un an, les policiers et les gendarmes avaient dressé plus de 2,2 millions de contraventions

89 The Economist, *Democracy Index 2020. In sickness and in health ?*, 3 février 2021 [en ligne sur https://www.eiu.com].

90 C. Schouler, « Comment le pouvoir politique a confiné les libertés pour cause d'épidémie », repris dans le chapitre XXXII du tome 2 de ce livre.

de ce type [91]. Il s'agit donc bien d'un outil de coercition massif qui, toutefois, n'a pas concerné les citoyens français de manière égalitaire. Suite aux constats remontés du terrain par leurs adhérents, et après la publication de l'avis de la Commission nationale Consultative des Droits de l'Homme [92], la Ligue des droits de l'Homme, le Syndicat des avocats de France et le Syndicat de la magistrature ont publié le 29 mars 2021 une « lettre ouverte au premier ministre » dans laquelle ils réclament une amnistie générale des amendes Covid-19 [93]. Ils y constatent notamment 1) que certaines amendes ont été distribuées de façon illégale par des policiers municipaux – alors que cela requiert la qualification d'officier de police judiciaire –, 2) que de nombreuses amendes ont été dressées par excès de zèle des policiers et des gendarmes, 3) que ces amendes ont fréquemment été détournées de leur objectif officiel pour devenir entre les mains des policiers des moyens de punir leurs publics-cibles habituels (les jeunes d'origine maghrébine ou africaine sub-saharienne habitant les quartiers pauvres), devenant ainsi une pratique discriminatoire illégale, 4) que l'on a même constaté des cas de verbalisation de personnes SDF pour non-respect de l'obligation de rester confiné chez soi.

En réalité, loin de capitaliser une quelconque expérience des crises sanitaires passées, le pouvoir exécutif français a utilisé toute la machine d'État pour mettre en place un système que l'on peut sans exagération qualifier d'*hubris* ou de frénésie bureaucratique, voire même d'hystérie ou de délire bureaucratique [94]. Comment qualifier autrement un pays dans lequel la bureaucratie a trouvé le moyen de modifier les règles de vie sociale à 38 reprises entre la fin du mois d'octobre 2020 et le début du mois d'avril 2021, soit une modification tous

---

91 « Covid-19. Plus de 2,2 millions d'amendes dressées en un an, selon Gérald Darmanin », *Ouest-France*, 7 avril 2021.

92 CNCDH, « Avis sur les rapports entre police et population. Rétablir la confiance entre la police et la population », 11 février 2021 [en ligne sur https://www.cncdh.fr].

93 LDH, SAF, SM, « Attestation dérogatoire de sortie : pour un respect du droit pénal », *Mediapart*, 29 mars 2021 [en ligne sur https://blogs.mediapart.fr/ldh-saf-sm/blog].

94 Tout ceci donnerait des arguments supplémentaires à D. Graeber, *Bureaucratie. L'utopie des règles*, Paris, Les Liens qui Libèrent, 2015.

les quatre jours en moyenne ? [95] Un pays dans lequel les hauts fonctionnaires ont pensé et écrit des textes réglementaires entrant dans des détails sibyllins tels que ceux figurant dans les annexes du décret du 29 octobre 2020 prescrivant les « mesures générales nécessaires pour faire face à l'épidémie de covid-19 dans le cadre de l'état d'urgence sanitaire » et définissant quatre catégories de masques réglementaires dont les masques réservés à des usages non sanitaires, devant eux-mêmes répondre à quatre caractéristiques réglementaires dont l'une est elle-même divisée en trois sous-caractéristiques qui imposent une « *efficacité de filtration vers l'extérieur des particules de 3 micromètres émises [soit] supérieure à 90 %, une respirabilité qui [permette] un port pendant un temps de quatre heures et une perméabilité à l'air supérieure à 96 litres par mètre carré et par seconde, pour une dépression de 100 pascal* » [96]. Quel citoyen adulte, quelle que soit son activité, pouvait connaître, comprendre et mettre en œuvre des constructions normatives aussi ubuesques ? Dans le même ordre d'idées, qui pouvait comprendre que la raison sanitaire lui interdisait de monter dans un TGV sans « passe sanitaire », tandis qu'il pouvait prendre autant de fois qu'il le souhaitait le métro ou un TER ? Qui pouvait comprendre que, au même moment et dans un même supermarché, il pouvait accéder à certains rayons mais pas à d'autres décrétés « non-essentiels » ? Etcetera. Il aura fallu qu'une journaliste allemande (correspondante à Paris du *Zeit*) tende un miroir à ses collègues français pour que ceux-ci osent s'interroger (l'espace seulement d'un court instant) sur la nature de cet « Absurdistan » à quoi ressemblait désormais leur pays [97].

Faisons ici l'hypothèse que cette frénésie bureaucratique fut d'autant plus forte que la compréhension globale et la stratégie globale face à l'épidémie étaient faibles. Je considère même (et c'est l'une des trois raisons fondamentales du lancement de cette enquête en mars 2020) que, de compréhension et de

---

95 C. Schouler, « Comment le pouvoir politique a confiné les libertés pour cause d'épidémie », Op.cit.

96 Décret n° 2020-1310 du 29 octobre 2020 prescrivant les mesures générales nécessaires pour faire face à l'épidémie de covid-19 dans le cadre de l'état d'urgence sanitaire, Annexe I, partie III [en ligne sur https://www.legifrance.gouv.fr].

97 A. Joeres, « Corona-Regeln in Frankreich : Autoritäres Absurdistan », *Zeit Online*, 12 novembre 2020.

stratégie globales, il n'y en eut jamais, du moins tant que la « solution vaccinale » ne vint, en 2021, en donner l'illusion. En réalité, aucun des plans prévus en cas de pandémie depuis près de 20 ans ne fut relu et appliqué. Aucun, du reste, ne préconisait un confinement général des populations [98]. Cette mesure fut fondamentalement un pis-aller, un cache-misère même, décidé en imitation d'autres pays (la Chine, puis nos voisins italien et espagnol) et sur la base des conseils fournis par un comité *ad hoc* créé en urgence pour la circonstance (le « Conseil scientifique Covid-19 »), permettant au pouvoir exécutif de s'affranchir si besoin de l'avis des instances sanitaires officielles (Haute Autorité de Santé, Haut Conseil de Santé Publique, Santé publique France) [99]. Manœuvre au demeurant inutile tant ces instances ont fait preuve d'une soumission quasi-complète aux pouvoirs politiques durant toute cette crise.

---

98 H Bergeron, O. Borraz, P. Castel, F. Dedieu, *Covid-19, une crise organisationnelle*, Op.cit., p. 10.

99 *Ibid.*, p. 55 et suiv.

Manipulation de la science et dérive autoritariste du pouvoir exécutif

De bout en bout, cette crise aura révélé une dérive autoritariste du pouvoir exécutif. La tendance est mondiale et procède bien entendu de ce caractère d'urgence et de la nécessité de coordonner les actions publiques et privées. Organisation et centralisation du commandement face à une situation d'urgence ne signifient pas pour autant isolement et omnipotence d'un tout petit groupe de personnes cooptées au sommet de l'État. En France, où les institutions de la Vᵉ République organisent un régime semi-présidentiel à l'époque taillé sur mesure pour le général De Gaulle [100], nous avons assisté à une caricature de cette dérive présidentielle, doublée d'une caricature du centralisme parisien et d'une réaffirmation du pouvoir de l'administration d'État déconcentrée (préfectures, Agences Régionales de Santé) au détriment des pouvoirs décentralisés (procédant pourtant du suffrage universel). Sur le terrain, cette situation aboutissait à ce que chacun, avant de décider quoi que ce soit, attende « les consignes de Paris » [101]. Et cet isolement du pouvoir s'est constaté jusqu'au sommet de l'État. Lors même que les textes censés régir l'organisation en situation de crise préconisaient par exemple la mise en place d'une Cellule Interministérielle de Crise [102], l'exécutif inventa une *taskforce* (on reconnaît là le langage managérial du monde d'où est originaire l'actuel président de la République) composée des membres de son seul choix. Exemple du résultat de ce fonctionnement autocratique, le ministre de l'éducation nationale put déclarer sur une radio

---

100 M. Duverger, *Échec au roi*, Paris, Albin Michel, 1978.

101 Des entretiens et conversations informelles avec trois élus municipaux, réalisés au cours des deux premiers confinements, en fourniraient de très nombreux exemples concrets et parfois ubuesques. C'est l'une des dimensions de l'enquête que nous n'avons hélas pas pu développer et qu'il sera difficile de reconstruire *a posteriori*. Nombre de ces actions ou inactions n'ont pas laissé de traces écrites (ou seulement des messages électroniques), les échanges se faisant beaucoup par téléphone. De plus, une fois le calme revenu et les fonctionnements administratifs rentrés dans leurs routines ordinaires, la mémoire de ces moments exceptionnels risque de s'évanouir rapidement, au moins en partie.

102 H. Bergeron, O. Borraz, P. Castel, F. Dedieu, *Covid-19, une crise organisationnelle*, Op.cit., p. 28.

publique, le 12 mars au matin, que la fermeture des écoles n'était pas prévue, et être démenti par le président de la République le soir même [103].

Dès le départ, la gestion de la crise sanitaire s'est caractérisée par la mise à l'écart et/ou la mise au pas de toutes les instances administratives concernées et de tous les principes de ce que l'on appelait jusque-là la « démocratie sanitaire » au profit d'une concentration du rôle de l'expertise et du pouvoir de décision dans les mains d'une petite équipe d'« experts » entourant directement le pouvoir exécutif, lequel prétendra dès lors en parler au nom de la Science ou d'un prétendu « consensus scientifique ». Il s'agissait en réalité de simples arguments d'autorité, qui serviront à justifier toutes les décisions, même les plus contradictoires d'un moment à un autre. C'est ainsi au nom de la Science que le président de la République pourra justifier la tenue du premier tour des élections municipales en mars 2020, ou encore que l'on pourra à un moment expliquer que le port du masque en population générale est inutile, et à un autre moment qu'il est au contraire indispensable et donc obligatoire [104].

En théorie, deux de ces instances créées *ad hoc* vont conseiller le pouvoir politique : le « Conseil scientifique Covid-19 » créé le 11 mars 2020 et le « Comité analyse recherche et expertise » (CARE) le 24 mars. La seule manifestation publique de ce CARE fut en réalité l'interview de sa présidente Françoise Barré-Sinoussi, virologue parée du prestige du titre de co-lauréate (avec Luc Montagnier) du prix Nobel de médecine en 2008 pour ses recherches sur le VIH. Paru le jour même de la mise en place du CARE dans le journal *Le Monde* (devenu durant cette crise le premier grand relais de la communication gouvernementale [105]), son interview était centrée tout entière sur le rejet de l'hydroxychloroquine comme thérapeutique de la Covid [106]. Et tout était apparemment dit puisque, par la

103 « Coronavirus : quand Blanquer soutenait que le gouvernement n'avait "jamais envisagé la fermeture totale" des écoles », *Libération*, 13 mars 2020.

104 H. Bergeron, O. Borraz, P. Castel, F. Dedieu, *Covid-19, une crise organisationnelle*, Op.cit., p. 60.

105 Voir le chapitre XVI du tome 2 de ce livre.

106 P. Santi, « Françoise Barré-Sinoussi : 'Ne donnons pas de faux espoirs, c'est une question d'éthique' », *Le Monde*, 24 mars 2020.

suite (et jusqu'à ce jour), nul n'entendra jamais plus parler de ce comité. Dès lors, s'impose logiquement l'hypothèse que sa seule fonction était de discréditer l'IHU de Marseille et son très dérangeant directeur Didier Raoult, qui venait de claquer la porte du « Conseil scientifique ».

Formé donc le 11 mars, ce Conseil est constitué autour de deux personnages centraux. Le premier est Jean-François Delfraissy, né en 1948, professeur de médecine à la retraite, ancien directeur de l'Agence nationale de recherches sur le sida et les hépatites virales (ANRS) et de l'Institut de microbiologie et maladies infectieuses de l'INSERM, ancien président du Comité consultatif national d'éthique. Le second est Yazdan Yazdanpanah, né en 1965, chef du Service des maladies infectieuses à l'hôpital Bichat de Paris, lui aussi ancien directeur de l'ANRS, qui cumulera le Conseil scientifique et le CARE. Les deux hommes se connaissent très bien. Ils ont donc notamment travaillé ensemble à l'ANRS puis dans le consortium « Research and action targeting emerging infectious diseases » (REACTing) porté par l'INSERM et l'Alliance nationale pour les sciences de la vie et de la santé (AVIESAN), cette dernière structure étant par la suite chargée de coordonner la recherche française pour la mise au point d'un vaccin anti-Covid en 2020 [107]. REACTing a été créé 2013 par Yves Lévy (ancien patron de l'INSERM et époux de l'ancienne ministre de la Santé Agnès Buzyn) et J.-F. Delfraissy. Il compte aussi dans ses membres l'anthropologue Laëtitia Atlani-Duault (membre du conseil scientifique de REACTing, qui cumulera elle aussi le Conseil scientifique Covid-19 et le CARE) et l'épidémiologiste de l'INSERM Dominique Costagliola (très présente dans les médias durant la crise du Covid, ayant systématiquement dénigré les traitements précoces libres de brevets, qu'il s'agisse de l'hydroxychloroquine ou, plus tard, de l'ivermectine). En 2021, l'ANRS et REACTing fusionneront sous la houlette de Y. Yazdanpanah.

Ce dernier apparaît ainsi comme l'homme fort de ce dispositif et comme le rival parisien de l'IHU de Marseille, dans un « tout petit monde » pratiquant couramment la détestation cordiale [108]. Et il va s'entourer d'une équipe à sa main, cooptant

107 J. Cottineau, « La France va entamer un essai clinique sur des traitements existants contre le Covid-19 », *Usine Nouvelle*, 11 mars 2020.
108 E. Campion, « Didier Raoult et le milieu médical parisien : histoire d'une

principalement des personnes avec lesquelles il travaillait déjà dans REACTing. Outre Y. Yazdanpanah et L. Atlani-Duault, l'équipe dirigeante de REACTing fournira aussi cinq autres membres au Conseil scientifique Covid-19 : le sociologue Daniel Benamouzig, l'épidémiologiste Arnaud Fontanet (de l'Institut Pasteur), l'infectiologue Denis Malvy (CHU de Lyon, où sera piloté notamment l'essai DISCOVERY, sous la conduite de l'infectiologue Florence Ader [109]), le virologue Bruno Lina (CHU de Lyon) et la médecin-réanimatrice Lila Bouadma (de l'hôpital Bichat, où elle a travaillé avec Y. Yazdanpanah). Tel est donc le petit réseau formé par cooptation – nom savant du copinage – et qui va donc assumer la charge de « dire la science » et conseiller directement le pouvoir exécutif dans le choix des mesures sanitaires.

Dès son premier avis, le 12 mars 2020, le Conseil scientifique pose clairement les grandes lignes de ce qu'il appelle son « rationnel scientifique ». Il consiste fondamentalement à reprendre à son compte les prédictions statistiques catastrophistes de l'équipe de modélisation mathématique des épidémies de Neil Ferguson de l'Imperial College d'Oxford et de Simon Cauchemez (ancien élève de Ferguson, membre du Conseil scientifique Covid-19) de l'Institut Pasteur, annonçant « plusieurs centaines de milliers de morts » en France, la « saturation des services hospitaliers de réanimation » ainsi que la probable survenue d'une « deuxième vague » lorsque « les mesures seront levées » en raison « d'une immunité insuffisante » [110].

Un second avis, quatre jours plus tard, viendra préciser que les « mesures » en question résident dans un « confinement généralisé » visant « une réduction d'au moins 60 % des contacts » entre les individus « comme le montrent certaines études de modélisation » (encore et toujours Ferguson) [111]. Un troisième avis, une semaine après, enfoncera le clou : « le

détestation réciproque », *Marianne.net*, 26 mars 2020.

109 Ancienne doctorante de Christian Chidiac, professeur de médecine et chef du service des maladies infectieuses et tropicales du CHU de Lyon, expert auprès de l'Agence Nationale de Sécurité du Médicament (ANSM) et membre du Haut Conseil de la Santé Publique.

110 Conseil scientifique Covid-19, « Avis du 12 mars 2020 », p. 2-3. Sur l'origine de ces modèles mathématiques et la critique de leur construction, voir le chapitre XIII du tome 2 de ce livre.

111 Conseil scientifique Covid-19, « Avis du 16 mars 2020 ».

confinement est actuellement la seule stratégie réellement opérationnelle, l'alternative d'une politique de dépistage à grande échelle et d'isolement des personnes détectées n'étant pas pour l'instant réalisable à l'échelle nationale »[112].

Cette stratégie globale ne se démentira jamais. Ce sont encore les mêmes prédictions catastrophistes (400 000 morts de plus, après les 500 000 annoncés en mars) qui permettront au président Macron de justifier un deuxième confinement à la fin du mois d'octobre 2020[113], et de justifier par ailleurs l'instauration d'un état d'urgence devenant au fil des mois un très confortable cadre légal de gouvernement réduisant les contre-pouvoirs à peau de chagrin. À tel point que, en octobre 2021, lors même que les indicateurs étaient au plus bas, il parviendra à faire voter une nouvelle prolongation de l'état d'urgence jusqu'à l'été 2022, avec la complicité passive de députés largement absentéistes[114].

Dans ce beau et paisible paysage de gouvernement autoritaire conduit au nom de la Science, un grain de sable – ou plutôt une gigantesque dune – a pourtant grippé la machine depuis le début.

---

112 Conseil scientifique Covid-19, « Avis du 23 mars 2020 », p. 1.

113 « 400 000 morts si on « laissait le virus circuler » : d'où vient le chiffre évoqué par Emmanuel Macron ? », *BFMTV*, 30 octobre 2020.

114 F. Le Du, « État d'urgence sanitaire. Une prolongation à marche forcée », *L'Humanité*, 4 novembre 2021.

L'alternative venue de Marseille : Didier Raoult et l'IHU Méditerranée Infection

Sur les 11 membres du Conseil scientifique formé initialement, 8 appartiennent donc en réalité à la même équipe et un neuvième en est un proche. Un seul petit réseau contrôle donc cette instance devant conseiller directement le pouvoir politique sur la stratégie sanitaire et donner son avis sur les projets du gouvernement. Le Conseil scientifique se réunit à l'Élysée et sa première réunion, le 12 mars, se fait « à la demande » et « en présence » du président de la République. La deuxième réunion du Conseil scientifique, le 14 mars, est tout entière consacrée à la réponse à apporter à « deux questions posées par le ministre de Santé, portant sur une accentuation des mesures de restriction de la vie sociale, d'une part, et sur les conditions de tenue du premier tour des élections municipales d'autre part » [115]. Et le compte-rendu de la réunion cache mal l'embarras du Conseil scientifique d'emblée obligé de se soumettre au calendrier politique du président Macron en mangeant son chapeau à ce propos : « Questionné par le Ministre de la santé à propos de la tenue du premier tour des élections municipales, le Conseil scientifique a réexaminé l'avis qu'il avait formulé à ce dernier et au Premier ministre après un échange avec le Président de la République le jeudi 12 mars » [116]. Qui, à l'époque, dira avec lucidité que la fonction d'un « conseil scientifique » ne peut pas être de répondre aux questions posées par le pouvoir politique, qu'il devrait être totalement indépendant et réfléchir à la stratégie sanitaire globale en se fondant sur une réelle connaissance de toutes les données disponibles et de la bibliographie internationale ? Didier Raoult. J.-F. Delfraissy a en effet convié également Didier Raoult à participer au Conseil. Contrairement à d'autres, les deux hommes ne se détestent pas et – fait étrangement peu connu – le premier a fait partie depuis le début du Conseil d'administration de l'IHU de Marseille. Raoult assiste donc à la première réunion du Conseil, le 12 mars, puis se met en

115 Conseil scientifique Covid-19, « Avis du 14 mars 2020 », p. 1.
116 *Ibid.*

retrait pour des raisons qu'il expliquera à plusieurs reprises, notamment dans sa réponse à l'enquête de la Commission des affaires sociales du Sénat le 8 mai 2020 [117]. Il estimera en effet que ce conseil, 1) est un « groupe de copains », 2) est là pour discuter les décisions politiques – en particulier le confinement – et non dire l'état de la science – critiquant au passage l'absence de spécialiste des coronavirus dans le conseil –, 3) ne discute pas de stratégie globale, 4) ne pilote pas les essais thérapeutiques nécessaires pour définir une réponse thérapeutique, 5) est sous l'influence principale de Y. Yazdanpanah lequel promeut le Remdesivir, un médicament breveté de l'industriel Gilead – Raoult laissant clairement entendre que cela pose un problème majeur de conflits d'intérêts. Et nous allons voir que D. Raoult avait objectivement raison sur tous ces points. Mais ces questions de fond ne peuvent pas se discuter sérieusement si l'on ne dissipe pas au préalable l'énorme écran de fumée, l'énorme diversion, qu'a constitué le pseudo-débat portant d'une part sur la personnalité de Raoult, d'autre part sur l'efficacité et sur la prétendue toxicité de l'hydroxychloroquine.

Toute la première partie du tome 2 ce livre est consacrée à ces pseudo-controverses et ce que j'ai appelé « la guerre du médicament » [118]. La situation peut être résumée à travers les cinq points suivants.

Sectarisme politique et procès d'intention

D'abord, une partie des élites politiques et intellectuelles françaises ont bêtement politisé une question médicale. En clair, D. Raoult est classé « homme de droite » du fait de ses principaux soutiens politiques locaux. De fait, outre son amitié ancienne avec Philippe Douste-Blazy, il n'aurait jamais pu achever la construction de l'IHU de Marseille sans le soutien des élus locaux, en particulier au niveau municipal. Un de ses

---

117 Reprise dans D. Raoult, *Covid. Carnets de guerre*, Paris, Michel Lafon, 2021, p. 151 et suiv. Voir aussi son interview : « Didier Raoult, "Ce n'est pas un conseil scientifique, c'est un conseil de copains de Delfraissy" », *Sud Radio*, 4 juin 2021.

118 Voir notre vidéo du même nom, réalisée dans le cadre des Ateliers de la Maison Méditerranéenne des Sciences de l'Homme (9 novembre 2020). https://vimeo.com/anonymaltv/download/461034460/8187f75b0f

grands partisans marseillais est Renaud Muselier, médecin de son premier métier, actuel président de la région Sud, qui a auparavant été pendant treize ans le premier adjoint à la mairie de Marseille, et qui fait du reste partie du conseil d'administration de l'IHU. Ajoutons à cela le fait que l'hydroxychloroquine a été instrumentalisée au plan international par des *leaders* comme l'américain Trump et le brésilien Bolsonaro qui condensent tout ce qu'une grande partie de la classe politique européenne redoute et déteste. De là à faire un énorme amalgame et à rejeter *par principe* l'intérêt de ce que racontait Didier Raoult, il n'y avait qu'un pas que beaucoup d'élus, de syndicalistes, de militants, d'intellectuels (ou supposés tels) et de journalistes ont franchi allègrement, sans se rendre compte que cela relevait d'une ridicule politisation d'un problème médical ainsi que d'un procès d'intention particulièrement mal informé.

Sectarisme politique d'abord, car lorsque nous allons voir notre médecin, nous ne nous demandons pas pour qui il a voté aux dernières élections, nous allons le voir pour qu'il nous soigne. La médecine, comme la science, n'est ni de droite ni de gauche [119]. Procès d'intention ensuite car Raoult ne s'est jamais affiché politiquement et a reçu également des soutiens importants de personnalités politiques de gauche comme Michel Vauzelle (ancien ministre de la Justice et ancien président de la région PACA) et Geneviève Fioraso (ancienne ministre de l'Enseignement supérieur et de la recherche), tous deux membres historiques du Parti socialiste [120]. Enfin, il faut essayer de regarder plus loin que le bout de son nez et comprendre une chose très importante. D. Raoult a toujours rêvé de construire un grand pôle public français d'infectiologie, capable de réagir en cas de menace virale ou bactériologique [121]. Et un projet aussi

---

119 Je ne reprends pas ici tous les développements de ma communication au Conseil scientifique de l'IHU d'octobre 2020 (voir le chapitre XXXIV du tome 2 de ce livre). Ce sectarisme politique a également conduit la plupart des forces de gauche intellectuelles et politiques occidentales a accepté le confinement général et à cataloguer comme « de droite » les critiques insistant sur la dangerosité économique et sociale d'une telle mesure (T. Green, T. Fazi, « The Left's Covid Failure », *UnHerd*, 23 novembre 2021).

120 H. Vaudoit, *L'IHU Méditerranée Infection. Le défi de la recherche et de la médecine intégrées*, Paris, Michel Lafon, 2018, p. 145 et 262. G. Fioraso est d'ailleurs également membre du Conseil d'administration de l'IHU.

121 D. Raoult, *Rapport de mission sur le bioterrorisme*, 17 juin 2003.

ambitieux a un coût, hors de portée des budgets et programmes ordinaires de la recherche publique. Là où d'autres médecins et chercheurs vont depuis des années chercher cet argent dans la collaboration avec l'industrie pharmaceutique, banalisant un style de « chercheur industriel » [122], Raoult a fait le choix inverse. Mais pour bâtir une telle structure sur base d'argent public, il est indispensable d'entretenir une certaine proximité avec celles et ceux qui ont au moins en partie le pouvoir de répartir cet argent, à savoir les politiques. Cette stratégie a certes un inconvénient (une sorte de dépendance à l'égard du pouvoir politique) mais elle présente aussi un intérêt majeur : elle permet d'échapper à la corruption par les industries pharmaceutiques.

Ce sectarisme, cette ignorance des véritables enjeux concernés, et le procès d'intention qui va avec, ont ainsi empêché la majorité des « élites » de comprendre que D. Raoult a fait en réalité dès le départ le choix du service public, là où d'autres se sont mariés à l'industrie. Il a de surcroît compris depuis fort longtemps, avec beaucoup d'autres médecins de sa génération, que le temps de la découverte et des innovations thérapeutiques majeures (comme les antibiotiques) était révolu, que certaines des maladies infectieuses les plus graves (le paludisme, la tuberculose, le sida) ne trouvaient pas de thérapeutiques « miracles » (et notamment pas de vaccins [123]), que les industries pharmaceutiques proposaient de plus en plus des traitements gérant en quelque sorte les conséquences des maladies sans les guérir, et qu'il était essentiel de réfléchir autrement en repartant du répertoire des molécules existantes. Cela s'appelle le *repositionnement des molécules anciennes à des fins thérapeutiques nouvelles* (qui n'étaient pas celles pour lesquelles ces molécules furent initialement découvertes) [124]. Dans les années 1980 et 1990, les industries ont massivement investi cette problématique et connu des succès aussi rapides qu'importants et lucratifs, à l'exemple du sildénafil (commercialisé par Pfizer sous le nom de Viagra), d'abord utilisé dans le traitement des

122 J.-P. Gaudillière, C. Izambert, P.-A. Juven, *Pandémo-politique. Réinventer la santé en commun*, Paris, La Découverte, 2020, p. 160.

123 D. Raoult, O. Recasens, *La vérité sur les vaccins*, Paris, Michel Lafon, 2018, p. 18.

124 M. Barratt, D. Frail, *Drug Repositioning. Bringing New Life to Shelved Assets and Existing Drugs*, Hoboken, John Wiley & Sons, 2012.

angines de poitrine, avant que l'on ne découvre son action sur l'érection [125]. Mais à partir des années 2000, le *credo* vaccinal imposé par le philanthrocapitalisme états-unien et ayant peu à peu conquis l'OMS va en partie détourner les investissements industriels de la stratégie du repositionnement pour miser en retour de plus en plus sur les vaccins en lien avec les progrès des biotechnologies et de la génétique [126], d'où émergeront notamment les nouveaux vaccins génétiques aujourd'hui au faîte de leur gloire (provisoire) en Occident. À l'IHU, les chercheurs et les médecins qui travaillent main dans la main ont pourtant continué à travailler sur ce repositionnement des molécules anciennes, sur la tuberculose par exemple. Aussi, dès que D. Raoult et son équipe ont eu connaissance des premiers travaux virologiques *in vitro* de chercheurs chinois montrant l'action de l'hydroxychloroquine sur le Sars-Cov-2, ils s'y sont intéressés de très près.

Traitement de type « presse people »

Dès la publication du premier article de cette série, j'ai constaté une impressionnante quantité de commentaires anonymes et reçu également une vingtaine de messages électroniques privés de collègues (CNRS et universités) présentant D. Raoult tantôt comme un « charlatan », tantôt comme une personne non-crédible du fait de tel ou tel aspect de sa personnalité (« ego surdimensionné », « autoritarisme », « mandarin », « chef de bande », « macho », « néo-colonialiste », etc.). Chez certains journalistes (au *Monde*, à *Libération*, à *L'Express* et bien entendu à *Mediapart*), certains intellectuels et certains médecins, c'est une véritable haine que suscite la personne de Raoult. Or ceci est doublement condamnable. Premièrement, juger de la crédibilité d'un chercheur en fonction de sa personnalité apparente est une attitude particulièrement sotte, surtout quand certains des traits de personnalité en question sont d'une triste banalité. Les mandarins, les vaniteux, les autoritaristes et autres machos sont

---

125 A. Girod, *Le repositionnement. Une alternative au développement de médicaments dans l'Union Européenne et aux États-Unis*, Thèse de la Faculté de Pharmacie de Dijon, 2016, p. 17.

126 M. Cavazzana-Calvo, D. Debiais, *Les biomédicaments*, Paris, Presses Universitaires de France, 2011.

légion, en particulier dans toutes les positions de pouvoir des institutions concernées (universités, organismes de recherche, entreprises de presse, partis politiques, syndicats, etc.). Quant à l'accusation de « néo-colonialisme » (avec, se profilant implicitement, le soupçon de racisme), elle est singulièrement incongrue au regard tant de la personne (D. Raoult est né et a passé toute son enfance au Sénégal) que du fonctionnement de l'IHU de Marseille (dont les principaux partenariats sont tournés vers l'Afrique). En réalité, que la personnalité de D. Raoult soit ou non sympathique aux uns et aux autres n'avait aucune espèce d'intérêt et ce genre de discussion relève du café du commerce. Deuxièmement, je tairai par charité le nom des collègues qui ont accusé Raoult de « charlatanisme » tellement la chose est indécente. En deux clics sur son ordinateur, chacun peut lire le CV de Raoult et comprendre qu'il a affaire à l'un des microbiologistes, virologues et infectiologues les plus connus en France (où il a reçu le Grand prix de l'INSERM en 2010 pour ses découvertes ou codécouvertes sur les virus et les bactéries) mais aussi à l'échelle internationale. Que cela plaise ou non, ceci est un fait.

Méconnaissance de l'IHU de Marseille

La principale caractéristique de cette grande diversion que fut la « polémique Raoult » est la réduction à un individu des questions générales de stratégie et d'organisation qu'il posait, de même que la méconnaissance quasi complète de ce que constitue et représente l'Institut Hospitalo-Universitaire (IHU) « Méditerranée Infection » de Marseille. Il s'agit d'une structure alliant le soin et la recherche, permettant la gestion globale des maladies infectieuses : dépistage, prise en charge des malades (avec suivi à domicile ou hospitalisation), recherche microbiologique en laboratoire, analyse épidémiologique et maîtrise de la bibliographie internationale [127].

Le concept des IHU est issu du rapport rédigé en 2009 par

127 D. Raoult n'a eu de cesse depuis 20 ans de déplorer que toutes ces dimensions de la compréhension et de la prise en charge des maladies infectieuses soient dissociées dans les structures existantes, lors même que leur réunion en une même structure fut jadis la force de l'Institut Pasteur (D. Raoult, *Rapport de mission sur le bioterrorisme*, Op. cit.).

le célèbre chirurgien Jacques Marescaux, à qui le gouvernement de l'époque avait demandé un bilan de l'état de la recherche médicale dans les CHU français, dans le cadre de sa réflexion globale sur la relance économique par l'investissement public *ciblé* (tandis qu'il cherchait par ailleurs à réduire globalement les dépenses publiques) après la crise de 2008. Le constat de base est que les CHU sont débordés par le soin (et notamment la croissance continue des flux dans les services d'urgences) et que, « malgré des poches d'excellence reconnues, la production scientifique biomédicale française stagne » et est souvent en retard par rapport à nos voisins [128]. En retour, il recommande de « développer quelques centres de haut niveau rivalisant avec les références mondiales en la matière et positionnés comme des pôles d'attractivité des meilleurs talents au niveau international ». Concrètement, il propose de « faire émerger un nombre limité d'Instituts Hospitalo-Universitaires (IHU) labellisés dans le cadre d'un appel d'offres après évaluation par un jury international, selon des critères visant à distinguer l'excellence » [129]. Et il signale des défis d'avenir sur lesquels il faudrait se positionner rapidement : « le vieillissement de la population, l'extension des pathologies chroniques ou insuffisamment traitées comme le cancer, et les maladies émergentes, notamment infectieuses » [130]. Quelques mois plus tard, l'idée est reprise dans le rapport piloté par Alain Juppé et Michel Rocard, qui propose notamment de « soutenir la recherche biomédicale d'excellence, en donnant (1 Md€) les moyens aux meilleures équipes de continuer à rivaliser au niveau international » [131]. L'appel d'offres est lancé en 2010. 17 projets et équipes candidatent, 6 sont retenus et seront financés, dont celui de Didier Raoult sur les maladies infectieuses, arrivé premier ex-aequo avec celui de J. Marescaux sur la chirurgie hybride à Strasbourg et celui d'Alain Fischer (futur « coordonnateur de la stratégie vaccinale » en 2021) sur la génétique à Paris [132]. Les

128 Jacques Marescaux (dir.), « Rapport de la Commission sur l'Avenir des Centres Hospitaliers Universitaires », mai 2009, p. 5.

129 *Ibid.*, p. 8.

130 *Ibid.*, p. 45.

131 Rapport Juppé-Rocard, « Investir pour l'avenir. Priorités stratégiques d'investissement et emprunt national », novembre 2009, p. 34.

132 H. Vaudoit, *L'IHU Méditerranée Infection. Le défi de la recherche et de la médecine intégrées*, Op. cit, p. 118.

6 IHU raflent ainsi 850 millions d'euros de budget en pleine période de restrictions budgétaires, ce qui suscitera logiquement de très nombreuses et très fortes jalousies, notamment du côté de l'INSERM conçue jusque-là, non sans raison, comme le temple de la recherche médicale française [133]. Par ailleurs, dans une institution où travaillent plus de 700 personnes et où ont défilé au fil des ans quelque 3 000 étudiants et collaborateurs divers, le tout dans un fonctionnement clairement très hiérarchisé et orienté vers la productivité scientifique, des conflits, des tensions, des inimitiés, des erreurs, des échecs, des jalousies, des rancœurs, ont nécessairement émaillé aussi la vie quotidienne. Ils feront le bonheur des journalistes – en particulier ceux de *Marsactu* et de *Mediapart* – lorsque ces derniers décideront (ou recevront la consigne) de « sortir les vieux dossiers » (ou d'en inventer de nouveau) pour tenter de faire déchoir Raoult. On trouvera alors ici des syndicalistes pestant contre l'autoritarisme du chef, là des doctorants frustrés ou mal traités, ici encore une affaire de harcèlement moral ou sexuel impliquant tel ou tel collaborateur. Ceci est certainement vrai, mais c'est aussi, on l'a déjà dit, hélas banal [134]. Et nul ne s'en serait jamais soucié si l'objectif n'était pas de tenter par tous les moyens de discréditer l'IHU et son directeur, les traitant comme une bande d'amateurs alors qu'il s'agit d'un fleuron de la recherche française et du premier pôle français d'infectiologie, conçu et financé à coups de centaines de millions d'euros pour analyser, comprendre et prendre en charge d'éventuelles épidémies majeures. Et lorsque l'une d'entre elles arriva finalement, il aurait fallu balayer tout cela d'un revers de la main parce que la personnalité du patron de l'institution est antipathique ? Toutes celles et tous ceux qui ont soutenu cette idée, de surcroît souvent avec une vraie violence verbale, sont de fieffés escrocs ou de sacrés jobards [135].

---

133 La période de financement initiale portait sur les années 2011-2019. Fin 2019, les 6 IHU ont dû repasser devant un jury international pour obtenir un nouveau financement sur les années 2020-2024, et y sont parvenus (Secrétariat général pour l'investissement, « Prolongation de 74 M€ pour les Instituts Hospitalo-Universitaires (IHU) », Communiqué du 22 novembre 2019).

134 Je pourrais – comme tous mes collègues universitaires – raconter maintes petites histoires de ce type que j'ai pu observer, ou auxquelles j'ai pu être mêlé volontairement ou involontairement, dans tous les laboratoires et les groupes de recherche que j'ai fréquentés au cours de ma carrière.

135 Voir quelques exemples universitaires dans le chapitre XXXVII du tome

La réalité est que l'IHU a rempli sa mission de service public au-delà même de ce que l'on pouvait raisonnablement attendre de lui. Ayant testé près de 280 000 personnes, identifié plus de 60 000 patients positifs au test-covid, réalisé près de 37 000 génotypages, pris en charge 27 000 malades en ambulatoire et près de 4 500 en hospitalisation, le tout avec des résultats remarquables en termes de mortalité (en ambulatoire comme en hospitalisation), l'IHU aura été le plus important et performant lieu d'expertise et de prise en charge de cette épidémie non seulement en France mais également en Europe (et peut-être même davantage) [136].

Les deux points suivants seront plus rapides car ils sont abondamment développés dans la suite de ce livre. Pour laisser le champ libre au très cher médicament de Gilead, il fallait « tuer » l'hydroxychloroquine au même titre que l'on cherchait à discréditer par ailleurs son promoteur. Pour cela, deux stratégies très efficaces ont été déployées par les industriels et leurs affidés. La première consista à ne jamais permettre de tester réellement l'efficacité du concurrent, la seconde à prétendre qu'il était intrinsèquement dangereux.

Volonté de ne pas *savoir si le protocole marseillais est efficace ou non*

Ce sont les journalistes et les influenceurs qui ont inventé l'expression « remède miracle » pour tourner en dérision la proposition thérapeutique des médecins et biologistes de l'IHU de Marseille. Ces derniers n'ont jamais rien dit de tel. Ils ont simplement dit qu'ils proposaient à leurs patients une bithérapie précoce (proposée au patient dès qu'un test PCR a révélé l'infection par le coronavirus), dans le double objectif d'une part de réduire l'intensité et la durée de l'attaque virale initiale, d'autre part de réduire les risques d'inflammation et de lésions organiques provoquées par l'emballement du système immunitaire (le fameux et très dangereux « orage de cytokines » provoquant la détresse respiratoire) [137]. Le tout à des doses précises

---

2 de ce livre.

136 Chiffres datés du 2 novembre 2021, présentés lors du Conseil d'Administration de l'IHU le 23 novembre 2021.

137 Voir les explications du docteur Jean-Claude Ghaleb dans le chapitre IV

car tout médicament sous-dosé risque toujours d'être inefficace et tout médicament sur-dosé de devenir dangereux (ceci étant, tout de même, le b.a.ba de la médecine). Dans un monde à la fois rationnel et honnête, il aurait été très simple de réaliser dès le mois de mars 2020 un essai comparant des cohortes de malades à qui l'on donne tel ou tel médicament ainsi dosé avec une autre cohorte à laquelle on donne un placébo. Or beaucoup se sont employés à faire en sorte qu'un tel essai ne puisse jamais être concluant. La première tactique a consisté à interrompre l'essai avant son terme en prétextant un manque de malades pour constituer les cohortes (essai DISCOVERY). La seconde à l'empêcher de conclure quoi que ce soit sur la proposition thérapeutique marseillaise en ne la respectant pas, soit qu'une seule des deux molécules soit administrée (essais HYCOVID et DISCOVERY), soit que les doses proposées ne soient pas respectées (essais COVIDOC et RECOVERY), soit que le traitement soit appliqué sur des malades hospitalisés déjà en état grave, lors même que le traitement se veut au contraire préventif et doit être administré dès que la preuve de l'infection est acquise (essai DISCOVERY) [138]. Le même problème se retrouve dans la littérature scientifique internationale, de sorte que toute méta-analyse peut facilement être biaisée dès le départ dans le choix des critères d'inclusion ou d'exclusion des études examinées, ce que feront là encore les affidés des industriels [139]. L'enjeu pour ces derniers était double. Il s'agissait d'une part de discréditer globalement les positions critiques de D. Raoult et de l'IHU de Marseille dans la rivalité installée entre Paris et Marseille pour incarner le *leadership* stratégique dans la réponse globale à l'épidémie. Et, d'autre part, il s'agissait de laisser le champ libre à un autre traitement antiviral – le Remdesivir – promu par un industriel – Gilead – espérant s'enrichir massivement à l'occasion de cette épidémie, ce médicament (dont les recherches montreront rapidement l'absence d'impact sur la mortalité liée au Covid [140]) étant breveté et coûtant très cher, là

du tome 2 de ce livre.

138 Voir le chapitre V du tome 2 de ce livre.

139 Voir le chapitre XIX du tome 2 de ce livre.

140 J. Cohen, K. Kupferschmidt, « A very, very bad look for Remdesivir », *Science*, 370 (6517), p. 642-643 ; H. K. Elsawah *et al.*, « Efficacy and safety of remdesivir in hospitalized Covid-19 patients. Systematic review and meta-

où les deux médicaments formant la bithérapie de l'IHU étaient au contraire des médicaments génériques ne coûtant presque rien [141]. Que cet énorme enjeu financier n'ait pas été compris par tant de commentateurs, journalistes et intellectuels, laisse pantois. Que la question centrale des conflits d'intérêts et de la corruption ne soit jamais posée (lors même que les données permettant de l'objectiver sont très facilement accessibles [142]) laisse également pantois.

Désinformation massive sur la prétendue toxicité de l'hydroxychloroquine

Enfin, tandis que les recherches étaient neutralisées par les tactiques que l'on vient de rappeler, la seconde grande stratégie déployée contre l'hydroxychloroquine a consisté à rendre crédible ce qui constitue pourtant une véritable contre-vérité (une « fake news » dans le triste langage anglicisé contemporain) : la dangerosité intrinsèque de cette molécule. Deux chapitres entiers sont consacrés à cette affaire dans le second tome de ce livre. Le premier étudie précisément d'une part les rares données de pharmacovigilance disponibles à ce moment-là, d'autre part la toxicité supposée de cette molécule, telles qu'elles seront présentées d'une part par quelques médecins et universitaires perclus de conflits d'intérêts avec l'industrie, d'autre part et surtout par un ensemble de journalistes dénués de toute réelle compétence en la matière mais se croyant autorisés à arbitrer le débat scientifique et se trouvant manifestement trop heureux de trouver là une façon de « régler son compte » au détestable D. Raoult [143]. Le second chapitre étudie le « scandale du *Lancet* » survenu fin mai 2020, lorsque cette prestigieuse revue publia une étude reprise en chœur par toute la presse ainsi que par le ministre de la Santé (Olivier Véran) lors même qu'il s'agissait d'une fraude majeure résultant des mécanismes de corruption par l'industrie pharmaceutique [144]. Le véritable

---

analysis including network meta-analysis », *Reviews in Medical Virology*, 2021, 31(4), e2187.

141 Voir les chapitres I et VII du tome 2 de ce livre.

142 Voir le tableau 2 à la fin de cette introduction.

143 Voir le chapitre VII du tome 2 de ce livre.

144 Voir les chapitres VIII et XIV du tome 2 de ce livre.

savoir toxicologique, lui, ne sera jamais mobilisé. Nous en donnerons sur le tard un aperçu dans l'entretien réalisé avec le professeur Jean-Paul Bourdineaud [145]. Enfin, lorsque quelques équipes médicales courageuses – dénuées de tout lien avec l'IHU de Marseille – décideront de soigner leurs patients avec le protocole marseillais faute de mieux et dans l'intérêt de leurs patients, elles ne constateront aucun problème particulier. Ce livre en donne un exemple important avec le cas d'un EHPAD de la région parisienne, qui n'a connu aucune surmortalité en 2020, là où d'autres – qui ont respecté la consigne officielle de ne pas soigner – ont connu une petite hécatombe parmi leurs résidents [146].

---

145 Voir le chapitre IX du tome 2 de ce livre. Entretien que le journal *Mediapart* se permettra de censurer, ses journalistes se considérant donc comme plus compétents qu'un professeur des universités dont c'est la spécialité depuis plusieurs dizaines d'années.

146 Voir le chapitre XXI du tome 2 de ce livre.

Une stratégie sanitaire hospitalo-centrée aux conséquences dramatiques

La polémique Raoult fut ainsi une immense diversion, soutenue activement par des médecins [147], des chercheurs, des journalistes et des politiciens qui, en France comme dans d'autres pays occidentaux, ont dès le départ commis une erreur stratégique fatale. Cette erreur procède d'un aveuglement, d'un entêtement et finalement d'un enfermement dans une stratégie qui ne pouvait qu'échouer tant les causes de cet échec étaient contenues dans ses termes mêmes. L'essentiel est ceci : la « stratégie » thérapeutique du gouvernement a consisté, on le répète, à exclure les médecins généralistes en leur disant de se contenter de donner du paracétamol aux malades, et à ces derniers d'appeler le SAMU en cas de détresse respiratoire afin d'être hospitalisés. C'est donc une stratégie faisant reposer toute la charge et toute la pression de la gestion de l'épidémie sur l'hôpital public. Or, dans le même temps, le gouvernement n'a cessé de dire qu'il redoutait un encombrement des services hospitaliers et n'a cessé de faire de la statistique du nombre de personnes placées en réanimation le principal critère d'évaluation de la gravité de la situation ainsi que la principale justification de sa politique liberticide. Il est plus que surprenant (et dramatique au regard des conséquences) que personne ne semble avoir compris qu'une telle stratégie ne pouvait qu'échouer car elle portait une contradiction dans les termes. En toute logique, l'on ne devrait pas pouvoir soutenir en même temps que seul l'hôpital va soigner les malades et que l'on a peur que l'hôpital soit débordé. Cet hospitalo-centrisme constitue la faute originelle de tous ces gouvernements qui ont donc prétendu maîtriser la gestion d'une épidémie sur la seule base d'une administration placée sous leurs ordres, au mépris des

147 Voir le tableau 2 situé à la fin de cette introduction. On y trouve les médecins qui ont le plus attaqué D. Raoult et l'IHU de Marseille. En tête du classement, se place Jean-François Bergmann (1,3 million perçu des industriels ces dernières années), ancien vice-président de la commission d'autorisation de mise sur le marché (AMM) à l'Agence nationale de sécurité du médicament (*ANSM*). La persistance de ce type de collusion majeure dément à elle seule tous les discours sur la transparence et la lutte contre la corruption.

professionnels de terrain et des intervenants de première ligne que sont en France les quelque 105 000 médecins généralistes et, derrière eux, les quelque 140 000 infirmier·e·s libéraux.

Cette faute originelle fut en réalité gravissime pour trois raisons. D'abord parce que, en France comme en Italie et dans de nombreux pays occidentaux, l'hôpital public a été tellement dégradé par les gouvernements successifs depuis une quarantaine d'années qu'il est depuis longtemps à bout de souffle. Ensuite parce que les professionnels de terrain ont toujours constitué la première ligne de défense sanitaire face aux épidémies. Enfin parce qu'en saturant les services d'aide médicale d'urgence (SAMU) et les hôpitaux avec les malades du Covid, ils ont contraint ces derniers à ne plus accueillir et à déprogrammer toute une série d'autres prises en charge hospitalières cruciales, laissant des milliers d'autres malades se dégrader à domicile. Détaillons un peu ces points essentiels.

Depuis la fin des années 1970, les gouvernements français successifs n'ont cessé de vouloir aligner le fonctionnement du service public hospitalier sur celui de l'entreprise privée [148]. L'introduction de la fameuse tarification à l'acte (T2A), issue du Plan Hôpital de 2007, en fut un moment-charnière, réforme pilotée à l'époque par un certain Jean Castex [149]. Pire : alors que la population française ne cesse d'augmenter et de surcroît de vieillir, quelque 160 000 lits d'hospitalisation à temps complet (lits dans lesquels les patients restent plus d'une journée) ont été ainsi supprimés entre 1990 et 2017, soit un tiers du parc hospitalier [150]. Et cette politique de réduction des capacités hospitalières continuera du reste pendant la crise [151]. Autre symbole important de cette politique : l'instauration en 1971

148 A. Grimaldi, *L'Hôpital malade de la rentabilité*, Paris, Fayard, 2009 ; P.-A. Juven, F. Pierru et F. Vincent, *La casse du siècle. À propos des réformes de l'hôpital public*, Paris, Raisons d'Agir, 2019.

149 « Jean Castex responsable de la casse de l'hôpital public ? Ces soignants inquiets », *Huffpost*, 4 juin 2020.

150 On reprend ici quelques éléments de l'épisode 31 de notre enquête (10 novembre 2020), en l'occurrence un entretien avec Fanny Vincent, maîtresse de conférences en science politique à l'Université Jean Monnet de Saint-Étienne et chercheuse au laboratoire Triangle.

151 « En plein Covid, 5 700 lits d'hôpital ont été supprimés en 2020 », *La Tribune*, 29 sept. 2021 ; « Lits fermés à l'hôpital : un collectif dénonce la situation 'catastrophique' en pédiatrie », *Le Parisien*, 28 octobre 2021 ; « Hôpital public : 20 % de lits fermés faute de soignants », *Libération*, 27 octobre 2021.

d'un *numerus clausus* limitant le nombre d'étudiants en médecine et donc le nombre de médecins formés. Malgré une remontée dans les années 2000-2007, ce nombre n'est jamais revenu à celui de 1977. Au nom de la rentabilité et des « impératifs de réduction des dépenses publiques », ont été ainsi provoquées des carences d'offre de soins, parfois même de véritables « déserts médicaux », ayant notamment pour effet d'accroître les inégalités sociales d'accès aux soins (les plus riches pouvant se tourner vers une médecine privée pratiquant allègrement les dépassements d'honoraires), de réduire la prise en charge par la médecine de proximité (les généralistes) et d'augmenter la pression supportée par les services d'urgence, ultime recours des moins fortunés [152]. Les services d'urgence ont été ainsi confrontés à une saturation croissante de leurs capacités (au point de devoir trier, refuser ou transférer des patients bien avant l'épidémie de Covid), à des manques permanents de matériel médical, à un épuisement de leurs personnels et à un mécontentement chronique des usagers [153]. Plus de la moitié de ces services étaient du reste en grève de longue durée lorsque survint l'épidémie de Covid. Sans surprise, ils seront donc submergés par cette dernière dans certains endroits, bien que, sur l'ensemble du territoire et de l'année 2020, les « patients Covid » n'aient finalement représenté qu'une faible part dans l'ensemble de l'activité hospitalière [154]. C'est pourtant sur ces services hospitaliers que le gouvernement français a décidé de faire reposer toute la pression et c'est principalement à partir du taux d'occupation en réanimation qu'il a piloté sa politique face à l'épidémie et justifié les confinements successifs. En clair, les gouvernements ne cessent de s'inquiéter d'une saturation d'un hôpital public qu'ils ont eux-mêmes organisée et prétendent en

---

152 Les passages aux urgences ont plus que doublé au cours des vingt-cinq dernières années.

153 Voir par exemple le témoignage du docteur Claudia Chatelus (*Ma guerre du Covid. Journal d'une urgentiste alsacienne*, Paris, Éditions des Équateurs, 2020) parlant du « tiers-monde » pour décrire certains services d'urgence (livre que nous avions chroniqué le 20 juillet 2020 dans l'épisode n° 20).

154 Le Rapport de l'Agence Technique de l'information sur l'hospitalisation (*Analyse de l'activité hospitalière 2020 Covid-19*, Op. cit.) indique que les « patients Covid » ont représenté seulement 2 % de l'ensemble des patients hospitalisés et 5 % des hospitalisations en soins critiques au cours de l'année 2020.

retour que les responsables de cette saturation sont les malades ou le mauvais comportement des citoyens. Incompétence ou cynisme ? On ne saurait le dire.

Une stratégie aussi structurellement intenable était de surcroît contraire à toutes les recommandations émises jusque-là. Prenons l'exemple du Plan national de prévention et de lutte « pandémie grippale », rédigé en 2009 et actualisé en 2011, plan « tirant les enseignements de la gestion de l'épisode pandémique de 2009 et des différents retours d'expériences et évaluations qui ont été conduits », « afin que chacun, dans son secteur de responsabilité, puisse être prêt, le jour venu, à faire face à la crise ». Il y est écrit en toutes lettres, dès la préface, qu'« une pandémie est d'abord une crise sanitaire dont la réponse s'appuie sur les professionnels de santé, qu'ils exercent à l'hôpital, en cabinet, en établissement d'accueil ou d'enseignement, en entreprise, en officine... *La médecine de proximité revêt à ce titre une importance majeure pour la prise en charge des malades.* Les professionnels sont naturellement associés aux principales décisions qui doivent être prises en cas de déclenchement du plan » [155]. Même les élus locaux sont concernés, devant notamment « avec l'aide du monde associatif », « veiller à la situation des personnes vulnérables ». S'il est bien entendu préconisé d'instaurer des « gestes barrières » et, le cas échéant, de procéder à la fermeture temporaire de certains lieux publics et à l'interdiction de certains rassemblements privés (spectacles, grands rassemblements), il n'est à aucun moment recommandé quoi que ce soit qui ressemble à un confinement général de la population (seules les personnes malades devant demeurer à leur domicile). Il est même écrit au contraire que les pouvoirs publics doivent veiller au « maintien, au meilleur niveau, des activités économiques, tout en assurant la protection de la santé des employés » [156]. Sur le plan médical, il est recommandé de dépister afin d'assurer « la prise en charge précoce des cas et de leurs contacts » et, par ailleurs, de « cibler la protection des personnes vulnérables ». Enfin, et de façon globale, il est en permanence question de « recommandations » et d'« incitations » à l'égard de la population, jamais d'imposition

155 Plan national de prévention et de lutte « pandémie grippale », n° 850/SGDSN/PSE/PSN, octobre 2011, p. 2 (nous soulignons).
156 *Ibid.*, p. 22.

ou de contrainte sous surveillance policière et menace de sanction pénale.

Troisième conséquence funeste de cette profonde erreur stratégique, la saturation du SAMU et de l'hôpital par l'accueil des « patients Covid » a conduit au délaissement de la prise en charge de toutes les autres maladies. Comme le résumait Fanny Vincent dans notre entretien: « Les réformes de l'hôpital public menées depuis plusieurs décennies et le refus de considérer la légitimité des revendications des soignants ont contribué à donner à la crise sanitaire actuelle le visage qu'elle a aujourd'hui: une crise 'gérée' grâce à la déprogrammation massive des activités habituelles de l'hôpital faute de lits et de personnels disponibles (...). Et une crise se traduisant par des 'pertes de chances' pour la santé de ces patients dont les interventions chirurgicales, les consultations, les examens, les traitements ont été déprogrammés et/ou repoussés » [157]. Ainsi, non seulement des morts inutiles ont été provoquées parce que les médecins généralistes ont été exclus de la prise en charge médicale et que l'on a attendu que la situation se dégrade pour envoyer les malades aux urgences, mais de surcroît d'autres personnes sont mortes chez elles d'autres maladies parce que l'hôpital ne pouvait pas les prendre en charge. Ajoutons qu'en devenant l'unique lieu de prise en charge des malades infectés par le coronavirus, l'hôpital est aussi devenu un lieu privilégié de contamination (la Covid devenant ainsi une dangereuse maladie nosocomiale [158]), ce qui a occasionné de nombreuses maladies et même quelques décès dans les rangs du personnel soignant.

Concluons sur ce point central. Face à une pandémie virale redoutée de longue date, le chef du gouvernement (qui, en France, hors situation de cohabitation, est en réalité le président de la République et non le premier ministre) n'a pas

157 « Comment les gouvernements dégradent l'hôpital public depuis la fin des années 1970 », *Mediapart. Le blog de Laurent Mucchielli*, 10 novembre 2020.

158 Et, que cela plaise ou non, il faut là encore noter la supériorité de l'IHU de Marseille où cette question – encore un peu taboue – des maladies nosocomiales a toujours constitué une préoccupation majeure, incluse dans la conception même de la partie hospitalière de cette structure. Cette préoccupation fait partie depuis longtemps des priorités de D. Raoult (*Les nouvelles maladies infectieuses*, Paris, Presses Universitaires de France, 1999, p. 108-114).

suivi les recommandations établies sur la base des expériences passées. Il a choisi une posture guerrière, décrétant un état de « guerre », se posant en chef militaire suprême et imposant par la contrainte à la population une stratégie suicidaire puisque ne pouvant structurellement que conduire à la défaite [159]. Quelle désastreuse tactique militaire, en effet, que celle consistant à exclure du combat l'infanterie (la médecine de ville, médecins et infirmières libéraux) pour se reposer uniquement sur des fortifications hospitalières fortement délabrées, à n'utiliser que les seuls hôpitaux publics là où il était facile de réquisitionner les cliniques privées, à refuser d'embaucher des bataillons de suppléants qui auraient pu être décisifs dans plusieurs domaines (la médecine vétérinaire pour fabriquer massivement des tests, les pompiers pour analyser les eaux usées et surveiller ainsi l'évolution de l'épidémie [160]) et enfin à marginaliser le plus possible son atout majeur (le super-bombardier marseillais) pourtant construit dans cette éventualité et à grand renfort d'argent public depuis une dizaine d'années. Lors de la première épidémie (printemps 2020), cette stratégie s'est révélée totalement impuissante à contenir l'offensive virale dans les régions les plus exposées et à y protéger les principales victimes potentielles de l'attaque que constituaient les personnes les plus affaiblies sur le plan immunitaire. Et le pouvoir politique ne sera pas même capable de tirer les enseignements de cette première bataille, continuant par la suite à user principalement

---

159 Durant ces longs mois d'observation, atterré de tant d'erreurs fondamentales, nous avons évidemment souvent songé à l'analyse que le grand historien Marc Bloch fit jadis de la défaite de 1940 (M. Bloch, *L'étrange défaite : témoignage écrit en 1940*, Paris, Éditions Franc-Tireur, 1946).

160 La Fédération nationale des sapeurs-pompiers sera du reste l'une des rares organisations à dénoncer courageusement la gestion bureaucratique déréalisée de l'épidémie et la mauvaise utilisation des ressources humaines et techniques : D. Delseny, J.-M. Decugis, « Covid-19 : le carton rouge des pompiers », *Le Parisien. Aujourd'hui en France*, 5 juillet 2020. On se souviendra aussi que la pharmacie centrale du ministère des armées commanda de l'hydroxychloroquine (et des masques) à la Chine dès le mois d'avril 2020 (« Coronavirus : les armées ont acheté de la chloroquine « par précaution » », *Europe 1*, 24 avril 2020). Je peux ajouter que, au cours de mes recherches de terrain sur les questions de sécurité, j'ai rencontré à plusieurs reprises des officiers de gendarmerie tout aussi critiques sur la gestion de l'épidémie. De manière générale, il semble ainsi que les militaires ont mieux compris que d'autres qu'ils étaient fort mal commandés par le gouvernement.

de mesures sociales autoritaires (confinements et couvre-feux à répétition), en attendant un miracle techno-médical (les vaccins génétiques rendus indirectement obligatoires) pour se croire enfin débarrassé du virus. Une caricature de gestion bureaucratique, centralisée et autoritariste, déconnectée des réalités de terrain, dissimulant son archaïsme conceptuel derrière une survalorisation des technologies modernes [161].

Cette terrible défaite française s'explique ainsi en grande partie par son mode de gouvernance, mais pas en totalité. La défaite fut en effet commune à de nombreux pays occidentaux. Et s'il en fut ainsi, c'est aussi parce que les organisations supranationales dont ils sont de plus en plus dépendants (l'OMS et l'Union Européenne pour les pays membres, comme par ailleurs la FDA aux États-Unis) ne les ont pas aidés à mieux penser et organiser les choses. Ces organisations étant elles-mêmes sous la dépendance et/ou l'influence croissantes d'intérêts capitalistiques privés.

161 Sur cette tendance de fond dans les pays occidentaux, *cf.* notamment B. Hibou, *La bureaucratisation du monde à l'ère néolibérale*, Paris, La Découverte, 2012.

Une OMS devenue dépendante du philanthrocapitalisme et des industries

Tout commence avec la plus forte et la plus ancestrale des émotions négatives, la peur. Et cette peur, c'est d'abord l'Organisation Mondiale de la Santé (OMS) et son directeur qui l'ont réveillée. Non pas en alertant (le 23 janvier 2020) les pays du monde du surgissement d'une nouvelle épidémie et en leur rappelant qu'ils « doivent être prêts à prendre des mesures pour endiguer la flambée, y compris par une surveillance active, un dépistage précoce, l'isolement et la prise en charge des cas », car ceci est son rôle légitime et suit des procédures établies de longue date [162]. Mais en assortissant le lancement de ces procédures d'un discours effrayant, ce que fit Tedros Adhanom Ghebreyesus le 11 mars 2020 en déclarant que « *ce coronavirus présente une menace sans précédent. Mais c'est aussi une occasion sans précédent de nous rassembler contre un ennemi commun, un ennemi de l'humanité* » [163]. Or, comme l'écrira par la suite Richard Horton, directeur de la revue scientifique internationale *The Lancet*, il n'y a jamais eu de pandémie au sens d'une menace virale pesant indistinctement sur l'ensemble des êtres humains, mais une épidémie menaçant certaines catégories de la population déjà considérablement fragilisées par leurs conditions de vie sociale très dégradées et/ou par leurs maladies antérieures. Dès lors, il prévenait : « *Quelle que soit l'efficacité d'un traitement ou la protection d'un vaccin, la recherche d'une solution purement biomédicale au COVID-19 est vouée à l'échec* », et il proposait en retour une approche « syndémique » ne dissociant pas la question médicale des enjeux relatifs à l'éducation, l'emploi, le logement, l'alimentation et l'environnement [164].

Cette vision globale – qui guide également notre enquête depuis le début [165] – ne fut pas celle de l'OMS. Au contraire, c'est

162 « Déclaration sur la réunion du Comité d'urgence du Règlement sanitaire international (RSI) concernant la flambée de nouveau coronavirus (2019-nCoV) », OMS, 23 janvier 2020.

163 « Le patron de l'OMS qualifie le coronavirus d'*ennemi de l'humanité* », *BFMTV*, 18 mars 2020.

164 R. Horton, « Covid-19 is not a pandemic », *The Lancet*, 396, p. 874 (26 septembre 2020).

165 Et qui est aussi l'un des points de départ des réflexions de Barbara Stiegler

bien « une solution purement médicale » qui sera valorisée, en l'occurrence la vaccination : « *l'accès mondial et équitable à un vaccin (...) constitue l'unique moyen d'atténuer l'impact de la pandémie en santé publique et au niveau économique* », déclarera-t-elle en lançant quelques mois plus tard le projet « COVAX » en partenariat avec l'Alliance GAVI [financée par Bill Gates depuis 1999 et partenaire permanent de l'OMS qui siège à son conseil d'administration depuis sa création [166]] et la Coalition pour les innovations en matière de préparation aux épidémies (CEPI), avec l'objectif de vacciner 2 milliards d'êtres humains « d'ici la fin 2021 » [167].

Enfin, l'OMS ne s'est pas contentée d'alerter les États et d'essayer de coordonner leurs efforts. Elle a également mis en place, de façon inédite, une grande opération de communication visant à diffuser le plus possible dans les populations cette peur du nouveau virus, utilisant massivement l'argument de la lutte contre les supposées « fake news ». Pour ce faire, l'OMS a mis en œuvre les méthodes de *storytelling* et de recherche d'influence qui sont aujourd'hui celles des entreprises commerciales [168]. Le 15 février 2020, lors de la Conférence de Munich sur la sécurité, son directeur général déclarait ainsi : « *nous ne combattons pas seulement une épidémie ; nous luttons aussi contre une infodémie. Les informations fausses se propagent plus vite et plus facilement que ce virus, et elles sont tout aussi dangereuses. C'est pourquoi nous travaillons aussi avec des entreprises du secteur des moteurs de recherche et des médias sociaux, comme Facebook, Google, Pinterest, Tencent, Twitter, TikTok, YouTube, et d'autres encore, dans le but d'enrayer la propagation des rumeurs et des informations mensongères* » [169]. Dans ce but, l'OMS a, pour la première fois,

---

(*De la démocratie en pandémie. Santé, recherche, éducation*, Paris, Gallimard, 2021, p. 3-5).

166 Bill Gates a créé la GAVI en 1999 avec un capital de 750 millions de dollars et demeure son principal soutien financier, « portant l'engagement total de la Fondation envers Gavi à ce jour à plus de 4 milliards de dollars » [www.gavi.org/operating-model/gavis-partnership-model/].

167 https://www.who.int/fr/initiatives/act-accelerator/covax

168 G. De Vaublanc, *Image, réputation, influence. Comment construire une stratégie pour vos marques*, Paris, Dunod, 2019.

169 https://www.who.int/fr/director-general/speeches/detail/munich-security-conference

mis sur pied une vaste stratégie de communication mondiale [170]. Un accord a d'abord été passé avec Google, *« pour faire en sorte que les personnes recherchant des informations sur le coronavirus voient les informations de l'OMS en tête de leurs résultats de recherche »*. Ensuite, l'équipe de communication s'est donc assuré le concours des principaux réseaux sociaux et même de sociétés comme Uber et Airbnb afin qu'ils diffusent les « bons messages » [171]. Enfin, l'OMS et ses partenaires ont recruté des « influenceurs » ou relais d'opinion [172], afin de s'assurer du contrôle des réseaux sociaux et de YouTube, *leader* mondial de la vidéo en ligne (plus de deux milliards d'utilisateurs mensuels en 2020) et propriété de Google [173].

On ne peut comprendre ces deux éléments centraux de l'action de l'OMS (la vaccination mondiale comme unique solution à la crise virale et la stratégie de contrôle de l'information via les GAFAM) si l'on ignore qu'ils constituent le credo des organisations privées qui sont devenues au fil du temps ses principaux financeurs. Or cette évolution majeure est passée largement inaperçue et semble, encore aujourd'hui, très insuffisamment comprise, contribuant ainsi à la grande naïveté générale des élites intellectuelles occidentales.

L'OMS de 2020 ne ressemble plus à ce qu'elle était dans les années 1970 et 1980, lorsque son directeur « historique » (1973-1988), le Danois Halfdan Mahler, incarnait une politique humaniste et sociale, faisant par exemple établir en 1977 une liste de 200 médicaments génériques (donc bon marché), reconnus efficaces [174]. À partir du milieu des années 1980, l'OMS a connu

---

170 Voir les détails dans L. Mucchielli, « La pensée confinée. Une analyse de la fabrique de l'information légitime durant la crise sanitaire », *in* N. Chapon, L. Mucchielli (dir.), *Le confinement. Genèse, impacts et controverses*, Aix-en-Provence, Presses de l'Université de Provence, 2022 (à paraître).

171 M. Richtel, « W.H.O. Fights a Pandemic Besides Coronavirus: An 'Infodemic' », *New York Times*, 6 février 2020.

172 La plupart apparaissent dans une vidéo intitulée « Coronavirus : chaque jour compte », postée sur YouTube le 14 mars 2020. Il est probable que Facebook « sponsorise » également certains de ces influenceurs dans sa stratégie de promotion de contre-discours (R. Badouard, *Les nouvelles lois du web. Modération et censure*, Paris, Seuil, 2020, p. 97).

173 D. Frau-Meigs, « Les youtubeurs : les nouveaux influenceurs ! », *Nectart*, 2017, 2, p. 126-136.

174 C. Maurel, « L'OMS, une histoire entre combat contre les maladies et luttes d'influence », *The Conversation*, 30 mars 2020.

une grave crise financière à travers le gel puis la réduction de son budget du fait de l'hostilité croissante des États-Unis, irrités notamment par ce souci de valoriser des médicaments génériques au détriment de son industrie pharmaceutique [175]. L'engagement financier majeur de la Banque Mondiale a alors ouvert la voie à une seconde époque de l'histoire de l'OMS, marquée par le partenariat croissant avec les grandes fondations privées américaines (Fondation Rockefeller, Rotary International...) et les industries pharmaceutiques [176]. Un « global found » a été créé au début du XXIe siècle, avec pour projet de lutter contre les épidémies comme le Sida, et de trouver des vaccins contre les maladies infectieuses, en association avec des partenaires financiers privés dont le principal est devenu au fil des ans la Fondation Bill et Melinda Gates. Cette dernière, et ses satellites comme la GAVI (*Global Alliance for Vaccines and Immunization*), dont la fondation Gates est le principal financeur depuis sa création[177], a ainsi pris progressivement une place majeure dans le financement et donc dans le credo vaccinal des programmes de l'OMS.

Au cours des quatre dernières décennies, le champ des politiques mondiales de santé a donc vu s'affirmer un partenariat de plus en plus actif entre l'OMS et des fondations privées au premier rang desquelles la super-puissance que constitue la fondation Gates, leader mondial d'un « philanthrocapitalisme »

---

175 J.-P. Gaudillière, « De la santé publique internationale à la santé globale. L'OMS, la Banque mondiale et le gouvernement des thérapies chimiques », *in* D. Pestre (éd.), *Le gouvernement des technosciences. Gouverner le progrès et ses dégâts depuis 1945*, Paris, La Découverte, 2014, p. 65-96.

176 J. Prah Ruger, « The Changing Role of the WORLD BANK in Global Health », *American Journal of Public Health,* 2005, 95, 1, p. 60-70 ; T. Brown, M. Cueto, E. Fee, « The World Health Organization and the transition from "international" to "global" public health », *American Journal of Public Health,* 2006, 96, 1, p. 62-72.

177 L'Alliance GAVI est dirigée depuis 2011 par l'épidémiologiste américain Seth Berckley. Après une formation à l'Université privée Brown (Rhode Island), ce dernier a travaillé pour la santé publique au Center for Disease Control and Prevention (CDC) d'Atlanta, puis il a rejoint la Fondation Rockefeller pendant huit ans. En 2009, le magazine *Times* voit en lui l'une des cent personnes les plus influentes du monde. Il est l'un des principaux chantres de la vaccination mondiale, estimant (sans surprise) qu'il existe des vaccins « sûrs et efficaces contre la Covid-19 » et que « le monde a besoin d'un vaccin universel contre le coronavirus » (W. Koff, S. Berckley, « A universal coronavirus vaccine », *Science,* 2021, 371, p. 759).

plus puissant que beaucoup d'États de la planète [178]. Le fondateur de *Microsoft* et *Windows* est en effet devenu la personnalité la plus riche du monde au milieu des années 1990. Avec une fortune personnelle approchant les 100 milliards de dollars et une fondation dont le budget dépasse les 50 milliards de dollars, il est plus riche que la plupart des pays du monde et, entre autres investissements, il finance de nombreux médias. En France, il subventionne en particulier le journal *Le Monde* (2,13 millions de dollars pour l'année 2019) [179].

Cette fondation consacre par ailleurs une partie très importante de ses dons (défiscalisés) à la santé, avec un prisme techno-industriel précis: « dans le domaine de la santé, la Fondation mène des actions de grande ampleur contre le sida, la tuberculose et le paludisme, traduisant son obsession pour la technologie par un intérêt tout particulier pour les vaccins, au mépris de solutions moins industrielles et potentiellement tout aussi efficaces » [180]. C'est ainsi que, délaissant des traitements très anciens ayant fait leurs preuves dans la prévention et/ou le traitement du paludisme, la fondation Gates a investi massivement dans la recherche d'un vaccin à partir de 2008 [181]. Trois ans auparavant, la fondation avait cette fois-ci commencé à financer la recherche de vaccins contre l'hépatite C et le Sida (VIH), par le biais d'un consortium coordonné par l'Institut Pasteur et le Centre de recherche en biotechnologie de Braunschweig en Allemagne, en partenariat avec plusieurs universités publiques et avec l'université privée Rockefeller à New York [182].

Vacciner la planète entière, et en particulier les pays pauvres d'Afrique subsaharienne, tel est le credo du philanthrocapitalisme

178 V. Shiva, *1 %. Reprendre le pouvoir face à la toute-puissance des riches*, Paris, Rue de l'Échiquier, 2019 ; D. Minot, *À quoi sert la philanthropie? Richesse privée, action publique ou mobilisation citoyenne*, Paris, Charles Léolold Mayer, 2019, p. 149 et suiv.

179 « Le quotidien *Le Monde* a reçu plus de 4 millions de dollars de la fondation de Bill Gates », *Covidinfos*, 11 mai 2020. Voir aussi T. Schwab, « Journalism's Gates keepers », *Columbia Journalism Review*, 21 août 2020.

180 L. Astruc, *L'art de la fausse générosité. La Fondation Bill et Melinda Gates*, Arles, Actes Sud, 2020, p. 12.

181 « Produits et marchés: Malaria, la fondation Gates offre 168 m$ », *Industrie Pharma*, 6 octobre 2008. Il s'agit en l'occurrence d'un partenariat avec le géant pharmaceutique britannique GlaxoSmithKline (GSK).

182 Communiqué de presse de l'Institut Pasteur, 27 juin 2005.

de Bill Gates, ce qui – soit dit en passant – n'est pas sans rappeler un épisode colonial récemment redécouvert [183].

183 G. Lachenal, *Le médicament qui devait sauver l'Afrique. Un scandale pharmaceutique aux colonies*, Paris, La Découverte, 2014.

Un grand projet de vaccination de toute l'humanité

Dans un tel schéma de pensée, une pandémie est un « choc » constituant l'occasion rêvée de déployer le grand programme de vaccination mondiale [184]. On comprend dès lors que celui de 2020 était attendu par certains depuis longtemps. Et il fut précédé d'autres moins importants qui semblent avoir étrangement disparu de nos mémoires.

Une partie des gouvernements occidentaux ont commencé à s'intéresser de très près aux virus et aux vaccins après l'alerte au « bioterrorisme » du début des années 2000, l'affaire de l'anthrax puis celle des prétendues armes (biologiques) de destruction massive de l'Irak. Les liens qui se sont alors noués entre l'administration fédérale chargée de la sécurité nationale et les industries pharmaceutiques aux États-Unis sont importants, ils ont généré de nouveaux circuits d'information, de commerce et d'emploi entre ces mondes public et privé, légitimés par la nouvelle doctrine du « partenariat public-privé » [185]. Des réseaux se sont créés et vont par la suite se renforcer à chaque alerte dite « pandémique ». L'épidémie de Sars-Cov-1 en 2003-2004 s'étant rapidement éteinte après son départ de Chine, la première manifestation survint en 2004-2006 avec la grippe aviaire (H5N1). L'OMS déclara alors une pandémie et soutiendra (déjà) des modélisations mathématiques pronostiquant des millions de morts qui n'eurent jamais lieu [186]. Entre-temps, les

184 J'emploie ici à dessein les termes de Naomie Klein (*La Stratégie du choc. La Montée d'un capitalisme du désastre*, Paris, Leméac & Actes Sud, 2008). Il y aurait du reste un travail à faire sur la notion de « pandémie » et ses divers usages tant scientifiques que politiques. L'OMS en a fait un usage trop souvent ambigu et extensif.

185 P. Schreyer, *Chronique d'une crise annoncée. Comment un virus a pu changer le monde*, Berlin, Oval Media, 2021, p. 71 et suiv. Cette nouvelle doctrine du partenariat public-privé se déploie de plus en plus dans la plupart des politiques publiques, y compris la politique scientifique (P. Meneton, *2084. Pourquoi l'État joue avec votre santé*, Paris, HumenSciences, 2021, p. 56-60). Nous l'avions bien évidemment rencontrée au cœur des politiques de sécurité, mariées avec les industries de la surveillance et leur marketing de la technologie (L. Mucchielli, *Vous êtes filmés. Enquête sur le bluff de la vidéosurveillance*, Paris, Armand Colin, 2018, conclusions).

186 Dans un article publié par *The Lancet* en 2006, disant se baser sur le

États-Unis mais aussi la France (toujours représentée dans la gouvernance de l'OMS [187]) et d'autres pays occidentaux avaient lancé des commandes d'une part d'un antiviral dont Gilead avait racheté le brevet à Roche (le *Tamiflu*), d'autre part de vaccins (à hauteur de plusieurs milliards de dollars), s'agissant pourtant d'un médicament dont l'efficacité ne fut jamais démontrée compte tenu notamment de tricheries et dissimulations dans les essais cliniques eux-mêmes (comme on le redécouvrira en 2021 avec les vaccins ARNm) [188]. À cette occasion, la fondation de Bill Gates s'était alliée à l'Institut Pasteur français et à la Wellcome Trust britannique (deuxième plus riche fondation donatrice dans le domaine de la santé après la fondation Gates, et qui déploie les mêmes stratégies d'influence et de corruption en direction du monde de la recherche médicale [189]) dans le but d'« augmenter la capacité mondiale de production de vaccins à 5

---

modèle de la grippe espagnole de 1918-1920, cinq chercheurs annonçaient que l'épidémie de grippe aviaire risquait de faire entre 51 et 81 millions de morts dans le monde (C. Murray et al., « Estimation of the potential global pandemic influenza mortality on the basis ot the vital registry data from the 1918-20 pandemic », *The Lancet*, 2006, 368, p. 2211-2218). Elle en fit officiellement 18500. Ces modélisateurs-statisticiens ne sont en réalité ni des biologistes, ni des épidémiologistes ni des historiens de la médecine. Ils ignorent ainsi que, en réalité, si la grippe espagnole fut aussi ravageuse, ce ne fut pas à cause du virus grippal lui-même mais des infections bactériennes associées, à une époque où l'on ne connaissait pas encore les antibiotiques (D. Morens *et al.*, « Predominant role of bacterial pneumonia as a cause of death in pandemic influenza », *Journal of Infectious Diseases*, 2008, 198 (7), p. 962-970). Didier Raoult le savait, lui (D. Raoult, O. Recasens, *La vérité sur les vaccins*, Op. cit., p. 69), et c'est probablement l'une des raisons pour lesquelles il a tout de suite pensé à ajouter un antibiotique (l'azithromycine) à un antiviral (l'hydroxychloroquine) dans le traitement de la Covid.

187 En particulier par Didier Houssin qui fut Directeur général de la Santé en France de 2005 à 2011 ainsi que délégué interministériel à la lutte contre la grippe aviaire. Conseiller à l'OMS depuis de nombreuses années, il préside depuis janvier 2020 le « Comité d'urgence Covid-2019 » de l'OMS.

188 C. Vanlerberghe, « Grippe : le Tamiflu accusé d'être inefficace », *Le Figaro*, 12 novembre 2012. Voir surtout le livre de Peter Gøtzsche qui lança l'alerte à l'époque (P. Gøtzsche, *Remèdes mortels et crime organisé. Comment l'industrie pharmaceutique a corrompu les services de santé*, Laval, Presses de l'Université Laval, 2019), ainsi que l'article de Sergio Sismondo (« Epistemic corruption, the pharmaceutical Industry and the Body of Medical Science », *Frontiers in Research Metrics and Analytics*, 2021, 6, 614013).

189 T. Schwab, « Covid-19, trust, and Wellcome: how charity's pharma investments overlap with its research efforts », *British Medical Journal*, 2021, 372, n556.

à 6 milliards de doses sur 12 mois »[190]. Enfin, lors de cet épisode, il apparut déjà clairement que le gouvernement américain et les industriels avaient bien plus que des liens d'intérêts les uns vis-à-vis des autres, le conseil d'administration de l'industriel comprenant Donald Rumsfeld (Secrétaire d'État à la Défense de Georges Bush) ainsi que l'épouse du gouverneur de l'État de Californie. Quant au directeur du programme mondial de lutte contre la grippe mis en place par l'OMS, Klaus Stöhr, il s'en alla travailler pour le géant pharmaceutique suisse Novartis[191], celui-là même qui est poursuivi depuis plus d'une décennie par la justice américaine pour ses pratiques de corruption dans le monde médical et qui a récemment négocié à 730 millions de dollars l'arrêt des poursuites[192].

En 2009-2010, survint la grippe porcine (H_1N_1, dite aussi grippe A) qui permit aux mêmes acteurs et aux mêmes mécanismes de se développer à nouveau. L'OMS déclara la pandémie le 11 juin 2009 et lança avec les industriels le concours pour trouver un vaccin, le tout avec le soutien financier massif des gouvernements occidentaux dont la France qui commanda 94 millions de doses pour un montant de 712 millions d'euros

---

190 T. Yamada et al., « Ready for avian flu ? », *Nature*, 2008, 454 (162). À l'époque, l'auteur principal de cet article, Tadataka Yamada, n'est autre que le directeur exécutif de la fondation Gates, poste qu'il a occupé après une carrière universitaire états-unienne en gastroentérologie puis un poste de direction scientifique chez le géant pharmaceutique britannique GlaxoSmithKline ainsi que la création de sa propre compagnie pharmaceutique. Son cas (comme celui de Seth Berckley déjà cité) illustre bien l'entremêlement des activités publiques et privées, universitaires et pharmaceutiques. Ses dernières ne l'ont en effet nullement empêché d'être élu à de nombreux postes dans le monde académique public (membre de la National Academy of Medicine US, président de l'Association of American Physicians, président de l'American Gastroenterological Association). Enfin, on remarquera que, en 2006, lorsque Tadataka quitte GSK pour la fondation Gates, son successeur à la tête de l'industriel pharmaceutique britannique est l'immunologiste maroco-belgo-américain Moncef Slaoui, également membre du Conseil d'administration de Moderna, qui sera nommé coordonnateur de la stratégie vaccinale des États-Unis par Donald Trump en mai 2020 (Fahd Iraqi, « Dix choses à savoir sur... Moncef Slaoui, le chercheur marocain recruté par Trump », *Jeune Afrique*, 20 mai 2020).

191 P. Schreyer, *Chronique d'une crise annoncée. Comment un virus a pu changer le monde*, Op. cit., p. 83.

192 « Novartis paye 683 millions [de francs suisses] pour arrêter des poursuites aux États-Unis », *Le Temps*, 2 juillet 2020.

et mis en place tous les rouages d'une campagne de vaccination massive de la population (portant la facture finale de la gestion de cette épidémie à 1,5 milliard d'euros pour le budget de la sécurité sociale) [193]. Mais entre-temps l'épidémie s'était arrêtée, l'hécatombe annoncée n'avait pas eu lieu et les stocks de vaccins seront soit revendus à des pays pauvres, soit détruits [194]. À nouveau, des scientifiques, des médecins et des journalistes d'investigation dénonceront la corruption et les liens d'intérêt entretenus par des dirigeants de l'OMS et des responsables nationaux avec des industries pharmaceutiques [195]. Et, fait hélas oublié, l'OMS se défendra notamment en qualifiant ces accusations de « théories du complot »...

L'épisode de la grippe A de 2009-2010 fut ainsi un round d'essai avant l'avènement de la « crise du Covid » actuelle. Entre-temps, Bill Gates et ses amis dirigeants et actionnaires des principales industries pharmaceutiques avaient eu le temps de consolider leur réseau et de peaufiner leur stratégie. En octobre 2019, ils finançaient un « exercice » baptisé « Event 201 » en y associant rien moins que le Forum annuel de Davos rassemblant tous les grands industriels et financiers de la planète, incluant bien entendu les groupes de presse et autres propriétaires de médias ou d'agences de presse comme Reuters [196]. L'exercice consistait en une simulation pandémique et visait à éprouver la fameuse coopération public-privé (avec, en ligne de mire, les campagnes de vaccination), source de profits faramineux pour les industriels. Dans le petit groupe de participants, on trouve le vice-président du géant industriel pharmaceutique américain Johnson & Johnson, une ancienne ministre de la Santé australienne également dirigeante de l'OMS et collaboratrice de la Fondation Gates, le président d'Edelman (plus grande agence de communication mondiale), la vice-présidente de NBC (troi-

---

193 C. Vincent, « L'OMS sommée de s'expliquer sur la grippe A », *Le Monde*, 27 janvier 2010 ; P. Benkimoud, « Directrice controversée, Margaret Chan reste à la tête de l'OMS », *Le Monde*, 24 mai 2012.

194 « La France veut revendre ses vaccins contre la grippe A », *Le Parisien*, 3 janvier 2010 ; « La France détruit ses vaccins contre la grippe A », *L'Express*, 12 septembre 2011.

195 D. Cohen, P. Carter, « WHO and the pandemic flu "conspiracies" », *British Medical Journal*, 2010, 340, c2912.

196 C'est ainsi que James C. Smith peut être à la fois le directeur de la Thomson Reuters Foundation et membre du Conseil d'administration de Pfizer.

sième groupe médiatique du monde), une ancienne dirigeante de la CIA et conseillère politique sur la sécurité, un dirigeant d'une agence sanitaire publique américaine (CDC) très impliqué dans la campagne de vaccination contre la grippe A de 2009, son homologue chinois, le responsable des programmes de crise sanitaire à l'OMS, un dirigeant de la Fondation Gates et le cofondateur de l'alliance pour la vaccination mondiale (GAVI), lui-même ancien membre dirigeant de l'OMS [197].

Tel est le réseau d'intérêts privés, dont la fondation Gates est l'épicentre, qui est devenu progressivement prédominant dans le financement et l'orientation des programmes sanitaires de l'OMS. La fondation de Bill Gates est ainsi le premier des contributeurs privés avec un don de 455 millions de dollars en 2019. Dans le classement général des financeurs, elle était encore dépassée de peu par la Grande-Bretagne (464 millions de dollars en 2019) et surtout les États-Unis (853 millions de dollars en 2019) [198]. Toutefois, le quatrième financeur dans ce classement (avec 389 millions de dollars en 2019) n'est autre que l'Alliance GAVI (*Global Alliance for Vaccines and Immunization*), organisation internationale de promotion des vaccins dont la fondation Gates est également le fondateur et principal financeur. Enfin, les neuvième et dixième plus importants financeurs de l'OMS (respectivement 168 et 116 millions de dollars en 2019) sont deux associations caritatives internationales basées aux États-Unis (le Rotary International et le National Philanthropic Trust) dont la fondation Bill Gates est aussi l'un des premiers financeurs, toujours par le biais des dons défiscalisés [199]. Dès lors, si l'on additionne les quatre principaux financements dans lesquels elle est impliquée (et ce ne sont pas les seuls), il apparaît que la Fondation de Bill Gates est devenue en réalité le premier financeur de l'Organisation Mondiale de la Santé.

197 P. Schreyer, *Chronique d'une crise annoncée. Comment un virus a pu changer le monde*, Op. cit., p. 99-107.

198 https://www.who.int/fr/about/planning-finance-and-accountability/how-who-is-funded

199 Le partenariat de la fondation Gates avec le Rotary International est centré sur la lutte contre la Polio, la contribution de la Fondation Gates s'élevant à 150 millions de dollars annuels en 2019 (https://www.rotary.org/fr/rotary-and-gates-foundation-extend-funding-match-polio-eradication]. La plupart des autres dons de la Fondation Gates aux autres organismes philanthropiques s'effectuent par le biais du « Fund for Global Health and Development ».

Dans ces conditions, on comprend que Bill Gates ait réagi à la crise ouverte par l'épidémie de Sars-CoV-2 avec une célérité d'autant plus forte qu'il s'y préparait en réalité depuis des années. Dès le milieu du mois de février 2020, il lançait ainsi un vaste consortium regroupant la quasi-totalité des plus grands industriels pharmaceutiques (BioMérieux, Boehringer Ingelheim, Bristol-Myers Squibb, Eisai, Eli Lilly, Gilead, GSK, Johnson & Johnson, MSD, Merck, Pfizer, Sanofi et Novartis), en mettant sur la table 125 millions de dollars, afin d'accélérer la fabrication et la distribution de vaccins contre la Covid-19 [200].

Ajoutons enfin un fait hautement symbolique et qui semble pourtant inconnu en France. Bill Gates est devenu tellement puissant dans le champ des politiques mondiales de santé qu'il se permettra même de (et se verra autorisé à) publier en son nom un article dans la prestigieuse revue scientifique *New England Journal of Medicine* en avril 2020. Article au demeurant fort instructif puisqu'il condense la doxa du Covid [201]. La dramatisation cherchant à susciter la peur est déjà contenue dans le titre qui annonce que nous avons affaire à « la pandémie du siècle ». Elle se poursuit immédiatement dans l'affirmation selon laquelle le coronavirus ne menace pas que les personnes très âgées ou déjà malades : « il peut tuer des adultes en bonne santé ». Face à cela, s'il rappelle l'intérêt des antiviraux (son réseau soutenait alors le Remdesivir de Gilead), il exhorte surtout à « accélérer les travaux sur les traitements et les vaccins contre le Covid-19 », en prétendant de surcroît que « les scientifiques ont séquencé le génome du virus et développé plusieurs candidats vaccins prometteurs *en quelques jours* ». Un véritable miracle technologique donc, puisque, jusque-là, il fallait *plusieurs années* pour mettre au point un vaccin efficace.

200 M. Lemarchand, « Covid-19 : Novartis s'allie à la Fondation Bill et Melinda Gates », *Industrie Pharma*, 30 mars 2020.
201 B. Gates, « Responding to Covid-19. A Once-in-a-Century Pandemic ? », *New England Journal of Medicine*, 2020, 382, p. 1677-1679.

L'emprise des industries pharmaceutiques et du nouveau capitalisme financier

Les chercheurs nous en avaient prévenus depuis longtemps : « en temps de crise, les dirigeants des grands groupes industriels redoublent d'efforts sur plusieurs fronts à la fois : ils cherchent à séduire les consommateurs, à augmenter la productivité de leurs salariés, à neutraliser les contestataires, à trouver de nouveaux produits pour conquérir les marchés. À ce jeu, l'industrie pharmaceutique fait preuve d'une rare efficacité, car elle conserve sa puissance malgré la tourmente économique, les scandales répétés, les pertes de brevets, une recherche scientifique qui tâtonne et une opinion publique particulièrement défavorable » [202]. Mais rien n'y fait. Une terrible naïveté empêche manifestement la plupart des journalistes mais aussi des intellectuels de comprendre à quel point la recherche du profit amène les industriels à déployer plus que jamais une stratégie de trafic d'influence qui se trouve considérablement facilitée par l'évolution néolibérale des modes de gouvernance occidentaux. Ces derniers se caractérisent en effet par un effacement des frontières entre intérêts publics et intérêts privés et se traduisent concrètement par la circulation permanente des élites entre ces deux mondes. Ce que l'on appelle le « pantouflage » est en réalité depuis longtemps la règle en France dans plusieurs secteurs de la haute fonction publique comme l'économie et les finances [203], mais aussi la santé [204]. Outre l'alternance des emplois dans l'un et l'autre secteurs, au gré des vents électoraux, des « grands commis de l'État » se retrouvent ainsi de plus en plus souvent dans les conseils d'administration des grands groupes industriels, y tirant parfois les bénéfices d'un démantèlement de secteurs publics qu'ils ont eux-mêmes contribué à organiser [205]. Et l'arrivée au pouvoir d'Emmanuel Macron a encore accéléré

---

202 Q. Ravelli, *La stratégie de la bactérie*, Paris, Seuil, 2015, p. 5.

203 P. Bourdieu, *La noblesse d'État*, Paris, Minuit, 1989 ; F. Denord, P. Lagneau-Ymonet, S. Thine, « Le champ du pouvoir en France », *Actes de la recherche en sciences sociales*, 2011, 5, p. 24-57.

204 R. Lenglet, *Profession corrupteur*, Paris, Jean-Claude Gawsewitch, 2007 ; *Lobbying et Santé*, Paris, Pascal & Mutualité française, 2010.

205 V. Jauvert, *La Mafia d'État*, Paris, Seuil, 2021.

cette tendance menant à une situation inédite dans laquelle cet entremêlement des intérêts publics et privés concerne au même moment les quatre personnages clefs du pouvoir exécutif que sont le président de la République, le secrétaire général de l'Élysée, le Premier ministre et son directeur de cabinet [206]. Ce sont ainsi des questions majeures dont les sciences sociales se sont saisies de longue date, notamment à travers la problématique des liens et conflits d'intérêts. Et l'on va voir que ceci concerne massivement les mondes de la médecine et de la recherche médicale [207]. Saisir l'importance de ces questions suppose en amont de connaître le poids des enjeux financiers concernés.

Avec près de 1200 milliards de dollars américains de chiffre d'affaires en 2019, soit une multiplication par 3 depuis le début du XXIe siècle, l'industrie pharmaceutique est devenue au cours des 30 dernières années l'un des plus grands secteurs industriels du monde et peut-être le plus rentable de tous [208]. Les grands groupes pharmaceutiques qui se sont constitués au fil des dernières décennies rivalisent désormais avec l'industrie pétrolière, les groupes bancaires, les GAFA, l'industrie du luxe, l'industrie automobile et les cigarettiers. Ils font partie de ces multinationales interconnectées par le jeu des participations croisées dans l'actionnariat, qui dominent le monde et y imposent leurs intérêts [209]. Ils développent également les mêmes stratégies de maximisation des profits que la plupart de ces multinationales (rachats d'entreprises, licenciements dans les pays d'origine, délocalisation dans les pays pauvres, tricherie

206 V. Jauvert, *Les Voraces. Les élites et l'argent sous Macron*, Paris, Robert Laffont, 2020. Voir aussi le chapitre IV de G. Davet, F. Lhomme, *Le traître et le néant*, Paris, Fayard, 2021.

207 M. A Rodwin, *Les conflits d'intérêts en médecine : quel avenir pour la santé ?*, Rennes, Presses de l'EHESP, 2014 ; J. Moret-Bailly, D. Thouvenin (dir.), *Les conflits d'intérêts à l'hôpital public : le débat*, Rennes, Presses de l'EHESP, 2015 ; B. Hauray (dir.), « Conflits d'intérêts et santé publique : l'apport des sciences sociales », *Sciences sociales et santé*, 2020, 38 (3).

208 P. Abecassis, N. Coutinet, *Économie du médicament*, Paris, La Découverte, 2018 ; C. Bourgain, M. Cassier, J.-P. Gaudillière *et al.*, « Les félicités du capital en santé. Épanouissement, épreuves et tensions critiques des industries pharmaceutiques aux Nords et aux Suds », *Revue Française de Socio-Économie*, 2021, 1, p. 127-147.

209 S, Vitali, J.-B. Glattfelder, S. Battiston, « The Network of Global Corporate Control », *PLoS ONE*, 2011, 6 (10), e25995.

sur les prix, évasion fiscale, lobbying intense, détournement des aides publiques à leur profit, etc.) [210].

Le marché mondial du médicament est dominé principalement par quatre pays : les États-Unis (Pfizer, Merck, Eli Lilly, AbbVie, Amgen, Gilead Science, Johnson & Johnson, Moderna), la Suisse (Novartis, Roche), la France (Sanofi) et la Grande-Bretagne (GlaxoSmithKline, AstraZeneca). Les patrons de ces firmes sont parmi les mieux payés du monde (10 millions d'euros pour le patron de Sanofi en 2017 [211]). Cotées en Bourse et y pratiquant de façon courante le délit d'initié afin de s'enrichir aussi par la simple spéculation sur les évolutions du prix des actions, elles participent fortement aux évolutions des marchés financiers et les dividendes qu'elles reversent à leurs actionnaires sont parmi les plus importants du monde (près de 1 000 milliards de dollars de bénéfices ces dix dernières années). Ils sont donc devenus un acteur central du nouveau capitalisme financier dominant la planète [212].

Ces gigantesques groupes pharmaceutiques dominent non seulement le marché mondial des médicaments, mais ils influencent aussi de plus en plus la recherche médicale, au point de la contrôler en partie dans certains domaines. Les fameux essais cliniques (ou essais thérapeutiques) sont financés et réalisés très majoritairement par ces industriels, parfois à la demande des agences réglementaires comme la Food and Drug Administration aux USA ou l'Agence Européenne du Médicament. C'est dans cette mouvance politico-industrielle que s'est fixée une sorte d'ersatz de l'*Evidence Based Medecine* (« médecine fondée sur des preuves ») et ses méthodes statistiques de randomisation donnant l'illusion d'une démonstration mathématique infalsifiable [213]. L'idée fondamentale est de substituer le calcul sta-

---

210 R. Palan et C. Chavagneux, *Les paradis fiscaux*, Paris, La Découverte, 2017.

211 O. Petitjean, « Les patrons du CAC40 ont gagné en moyenne 4,68 millions d'euros en 2017 », *Observatoire des multinationales*, 8 juin 2018.

212 M. Montalban, « La financiarisation des *Big Pharma*. De l'insoutenable modèle *blockbuster* à son dépassement ? », *Savoir/Agir*, 2011, 16 (2), p. 13-21.

213 R. D. Capraş, A. E. Urda-Cimpean, S. D. Bolboaca, « Is Scientific Medical Literature Related to Endometriosis Treatment Evidence-Based ? A Systematic Review on Methodological Quality of Randomized Clinical Trials », *Medicina (Kaunas)*, 2019, 55 (7), p. 372-387 ; J. Concato, N. Shah, R. Horwitz, « Randomized, Controlled Trials, Observational Studies, and the Hierarchy of Research Designs », *New England Journal of Medicine*, 2020, 342, 1887-1892.

tistique à l'expérience clinique, la démonstration mathématique à la pratique médicale. Un nombre croissant de médecins-chercheurs multiplient ainsi les publications sur les maladies et les médicaments, lors même qu'ils n'en ont pas de pratique médicale. Les laboratoires leur payent des études testant leurs médicaments, ils en déterminent les protocoles et vont jusqu'à payer plusieurs milliers d'euros par patients inclus dans l'étude [214]. Ils organisent également des *boards* et autres « réunions stratégiques » dans lesquels les médecins-chercheurs sont associés à la détermination des projets des laboratoires et pour lesquels ils sont fréquemment payés entre 1 000 et 2 000 euros la journée. Les laboratoires financent également les voyages et tous les frais d'hôtellerie et de restauration de ces médecins-chercheurs pour qu'ils aillent présenter leurs résultats dans des colloques internationaux dont l'organisation est elle-même très largement financée par les industriels. Dans certains cas, ces derniers vont jusqu'à réaliser eux-mêmes les études dans leurs laboratoires et proposer ensuite à des médecins universitaires plus ou moins renommés de les signer de leurs noms. Cela s'appelle le *ghostwriting* et a donné lieu à de nombreuses fraudes et pratiques dangereuses pour la santé publique au cours des trente dernières années [215]. Et, contrairement à un préjugé répandu, ce ne sont pas seulement des auteurs et des revues de second ordre, mais aussi les revues les plus prestigieuses du monde scientifique qui sont impliquées dans ce que Jean-Dominique Michel nomme à juste titre « une corruption systémique » [216]. C'est pourquoi John Ionnadis avait publié en 2005 un célèbre article intitulé « Pourquoi la plupart des résultats de recherche scientifique publiés

---

Sur les fraudes scientifiques et les façons de modifier les méthodes de calcul en fonction des résultats que l'on souhaite obtenir, voir aussi D. Fanelli, « How Many Scientists Fabricate and Falsify Research? A Systematic Review and Meta-Analysis of Survey Data », *PLoS ONE*, 2009, 4 (5), P. e5738

214 B. Bégaud, *La France, malade du médicament*, Paris, éditions de l'Observatoire, 2020. Voir aussi le chapitre III du tome 2 de ce livre.

215 Voir par exemple J. R. Lacasse, J. Leo, « Ghostwriting at Elite Academic Medical Centers in the United States », *PLoS Medicine*, 2010, 7 (2) ; L. McHenry, « On the Proposed Changes to the Credibility Gap in Industry-Supported Biomedical Research: A Critical Evaluation », *Ethical Human Psychology and Psychiatry*, 2012, 14 (3), p. 156-161.

216 J.-D. Michel, *Covid : anatomie d'une crise sanitaire*, Paris, HumenSciences, 2020, p. 109.

sont faux » [217]. C'est aussi pourquoi, en 2009, le docteur Marcia Angell, ancienne éditrice en chef du prestigieux *New England Journal of Medicine*, déclarait qu'« Il n'est tout simplement plus possible de croire une grande partie des recherches cliniques publiées, ni de se fier au jugement de médecins de confiance ou à des directives médicales faisant autorité. Je ne prends aucun plaisir à cette conclusion, à laquelle je suis parvenue lentement et à contrecœur au cours de mes deux décennies en tant que rédacteur en chef du NEJM » [218]. Et c'est encore pourquoi, en 2015, le rédacteur scientifique du tout aussi prestigieux journal médical britannique *The Lancet* (celui-là même qui sera au cœur du plus gros scandale scientifique de cette année 2020 [219]) écrira pour sa part : « Une grande partie de la littérature scientifique, peut-être la moitié, est peut-être tout simplement fausse. Affligée par des études portant sur des échantillons de petite taille, des effets minuscules, des analyses exploratoires non valables et des conflits d'intérêts flagrants, ainsi que par une obsession à poursuivre des tendances à la mode d'importance douteuse, la science a pris un virage vers l'obscurité. [...] L'endémicité apparente des mauvais comportements en matière de recherche est alarmante. Dans leur quête d'une histoire convaincante, les scientifiques construisent trop souvent des données pour les adapter à leur théorie du monde préférée. Ou bien ils modifient leurs hypothèses pour les adapter à leurs données » [220].

Pour l'industrie pharmaceutique, le contrôle de la production scientifique dans l'univers de la recherche médicale n'est qu'un élément d'une stratégie globale de contrôle de l'information. Aussi étonnant que cela puisse paraître, cette stratégie s'exprime d'abord dans la mainmise des laboratoires pharmaceutiques sur la formation continue obligatoire des médecins. Cette pratique ancienne a été officialisée en France en novembre 2006, lorsque le ministre de la santé de l'époque (Xavier Bertrand) signa un accord et un code de bonnes pratiques avec

217 J. P. A. Ioannidis, « Why Most Published Research Findings Are False », *PLoS Med*, 2005, 2 (8), e124.

218 M. Angell, « Drug Companies and Doctors: A Story of Corruption », *New York Review of Books*, 15 janvier 2009.

219 Voir le chapitre VIII du tome 2 de ce livre.

220 R. Horton, « Offline: What Is Medicine's 5 Sigma ? », *The Lancet*, 2015, 385, p. 1380.

le syndicat des firmes pharmaceutiques (« Les entreprises du médicament », LEEM), accord vivement dénoncé à l'époque par Formindep (association luttant contre « l'interférence d'intérêts commerciaux ou d'injonctions administratives dans la formation et l'information médicales, ainsi que dans la chaîne de soins » [221]). Ensuite, cette stratégie se prolonge naturellement dans un très intense lobbying à destination des élus et des agences gouvernementales nationales et internationales réglementant le domaine de la santé publique [222]. En France, la Haute Autorité pour la Transparence de la Vie Publique (HATVP) recense ces lobbies. On y apprend par exemple que le LEEM, représentant 266 laboratoires ou entreprises pharmaceutiques du monde, a dépensé près de 1 million d'euros en lobbying officiel en France en 2018 [223]. On y apprend aussi que, en 2019, le groupe Gilead Science emploie 4 personnes et a dépensé entre 400 000 et 500 000 euros pour son activité de lobbying auprès des seuls parlementaires français. Et ce n'est là qu'un petit volet de la stratégie globale d'influence de cet industriel qui, au total, aura dépensé la somme colossale de 65 millions de dollars sur les sept dernières années pour asseoir son influence en France, tant auprès des praticiens que des institutions [224]. Le site gouvernemental déjà cité (Transparence Santé) est toutefois compliqué à utiliser. Grâce au site *Euro for Docs* [225], on peut exami-

221 Form Indep, « Le ministère de la santé livre la formation continue des Médecins à l'industrie pharmaceutique », *formindep.fr*, 1er décembre 2006.

222 S. Horel, *Lobbytomie: Comment les lobbies empoisonnent nos vies et la démocratie*, Paris, La Découverte, 2018.

223 https://www.hatvp.fr/fiche-organisation/?organisation=784668543 Le LEMM est dirigé depuis 2008 par Philippe Lamoureux dont le parcours illustre à nouveau remarquablement l'entremêlement des intérêts industriels et de la gouvernance des affaires publiques (voir son CV sur www.leem.org). Ancien inspecteur général des affaires sociales, M. Lamoureux a également été secrétaire général de l'agence nationale du médicament, directeur adjoint du cabinet de Bernard Kouchner alors ministre de la santé et directeur général de l'Institut National de Prévention et d'Éducation pour la Santé (INPES). En plus de la direction du LEEM, il est par ailleurs administrateur de l'association européenne des industriels de la pharmacie et du médicament (EFPIA) et de la Fédération Internationale des Industriels du médicament (FIIM) ainsi que vice-Président de l'International Federation of Pharmaceutical Manufacturers and Associations (IFPMA).

224 E. Verhaeghe, « L'affaire Didier Raoult est-elle une nouvelle affaire Black Rock ? », *Le Courrier des stratèges*, 28 mars 2020.

225 https://www.eurosfordocs.fr

ner bien plus aisément la répartition de ces dizaines de millions d'euros dépensés par le laboratoire. Sans surprise, l'essentiel est allé 1) à des médecins (dont la plupart de ceux qui ont manifesté une opposition à Didier Raoult dans les médias durant les premiers temps de l'épidémie), 2) à des organismes de formation initiale ou continue des professionnels de santé, 3) à des médias, 4) à des académies, fondations, sociétés savantes et organismes de conseil (à l'image de la Société de pathologie infectieuse de langue française [SPILF] qui attaquera D. Raoult en justice au début du mois de septembre 2020 [226]).

En France, en 2009, le collectif « Regards citoyens » avait examiné attentivement le site Internet gouvernemental « Transparence Santé » créé après le scandale du Mediator. Ils avaient alors exhumé la bagatelle de 2,5 millions de cadeaux faits entre janvier 2012 et juin 2014 par les laboratoires, essentiellement à des médecins, pour un montant total d'environ 245 millions d'euros [227]. En clair, il s'agit d'un vaste système de corruption [228]. Et l'épidémie de coronavirus l'illustre pleinement. Le 24 juin 2020, le *British Medical Journal* publiait ainsi un éditorial spécial alertant sur les dangers que représentent les « influences commerciales » pour la recherche médicale sur la Covid-19, prenant l'exemple des études concernant le Remdesivir du laboratoire Gilead [229].

226 *France Soir* révélera quelques jours plus tard que la SPILF a reçu 1,7 million d'euros des industries pharmaceutiques entre 2012 et 2020, et les membres de son bureau et de son conseil d'administration plus de 1,6 million d'euros (« Didier Raoult attaqué par la SPILF. Qu'est-ce que cela peut cacher ? », *France Soir*, 4 septembre 2020). Voir aussi le tableau 2 (sur les médecins en conflits d'intérêts) à la fin de ce livre.

227 https://www.regardscitoyens.org/sunshine/

228 D. W. Light, J. Lexchin, J. J. Darrow, « Institutional corruption of pharmaceuticals and the myth of safe and effective drugs », *Journal of Law and Medicine Ethics*, 2013, 41 (3), p. 590-600.

229 R. Moynihan, H. Macdonald, L. Bero, F. Godlee, « Commercial influence and covid-19 », *British Medical Journal*, 2020, 369, m2456.

Du Remdesivir aux thérapies géniques : marketing, corruption et spéculation boursière

Le groupe américain Gilead sciences emploie près de 12 000 personnes et a fait un chiffre d'affaires de 22,5 milliards de dollars en 2019 [230]. Parmi ses actionnaires, figurent certains des plus gros fonds d'investissement américains. Le premier est Vanguard Group, concurrent direct de Black Rock (le plus gros gestionnaire d'actifs du monde et l'un des plus importants actionnaires du CAC40). Vanguard est par ailleurs le premier actionnaire d'Apple et possède 5 % d'Amazon (et il est entré au capital de nombre de grandes entreprises françaises). Même chose pour le second actionnaire de Gilead, Capital Research and Management, qui possède des parts du capital de la Caisse des Dépôts et Consignations, de Veolia, de Bouygues, de Schneider, de la Société Générale, de Pernod et d'Air France. Nous sommes donc bien ici au cœur du capitalisme financier actuel (c'est-à-dire celui qui est entièrement dominé par les banques et autres fonds d'investissement contrôlant l'actionnariat des grandes entreprises et ayant pour logique fondamentale la maximisation de la valeur pour l'actionnaire, indépendamment de tout autre objectif) et de sa domination américaine [231].

Au demeurant, la suite n'aurait pas dû surprendre tant Gilead était déjà connu pour pratiquer une exagération des prix à des fins d'enrichissement maximum. En novembre 2014, Gilead lançait un médicament baptisé Sovaldi sur le marché de la lutte contre l'hépatite C. Et tandis que son coût de fabrication se situerait entre 100 et 200 euros, le Sovaldi sera facturé à des prix variant de 1 à 100 en fonction de la richesse des pays avec lesquels l'industriel négociait. En France, le traitement sera vendu par Gilead jusqu'à 41 000 euros par patient. De sorte que, en moins de trois ans, il aura coûté plus de 700 millions d'euros à l'assurance maladie française. Ce qui en fait l'un des médicaments les plus chers de toute l'histoire de notre système d'assurance maladie [232]. Avant de se lancer dans son achat, les

230 https://www.zonebourse.com/GILEAD-SCIENCES-4876/societe/
231 L. Batsch, *Le capitalisme financier*, Paris, La Découverte, 2002.
232 M. Rivasi, S. Rader, M.-O. Bertella-Geffroy, *Le racket des laboratoires*

autorités politico-sanitaires avaient pourtant eu tout le loisir de réfléchir. En 2013, la ministre de la santé (Marisol Touraine) avait commandé un rapport sur cette affaire au Professeur Dhumeaux, lequel avait hélas des liens d'intérêt avec Gilead à ce moment même [233]. Au final, en l'espace de trois ans (2014-2016), Gilead engrangea près de 44 milliards de profits nets accumulés. Une aubaine inespérée qui fit passer ce groupe de la 40e à la 6e place du classement économique des industriels pharmaceutiques. La suite est à l'avenant.

Dès le tout début de la crise du Covid, Gilead a cherché à faire acheter par tous les pays du monde un antiviral pour traiter le Covid – le Remdesivir – dont il faut, là encore, connaître l'histoire. L'industriel y travaille en effet depuis l'épidémie du virus Ebola qui traversa l'Afrique de l'Ouest en 2014-2015, sans l'avoir toutefois encore commercialisé. Les recherches montreront dès 2019 que ce médicament était inefficace sur Ebola [234]. Mais qu'à cela ne tienne, face à la nouvelle pandémie de coronavirus, tout l'enjeu pour cet industriel était de convaincre que son produit était le plus efficace pour traiter immédiatement les personnes infectées, et lancer ainsi sa production industrielle de masse. Il avait en ce sens déployé toute sa puissance de lobbying et de trafic d'influence, au point que, dès le départ, l'OMS et un certain nombre de chercheurs importants dans plusieurs pays occidentaux (tels Yasdan Yazdanpanah et Franck Chauvin en France, tous deux membres du Conseil scientifique Covid-19, le second étant aussi le président du Haut Conseil de la Santé Publique qui fera d'emblée barrage à la proposition de l'IHU de Marseille au profit du Remdesivir [235]) annonçaient déjà que

---

pharmaceutiques. Et comment en sortir, Paris, Les Petits Matins, 2015 ; O. Maguet, *La santé hors de prix : l'affaire Sovaldi*, Paris, Raisons d'Agir, 2020.

233 F. Pesty, « Conflits d'intérêts en hépatologie », *FormIndep*, 15 juin 2015.

234 S. Mulangu *et al.*, « A Randomized, Controlled Trial of Ebola Virus Disease Therapeutics », *New England Journal of Medicine*, 2019, 381, p. 2293-2303.

235 Dans son avis du 5 mars 2020 « relatif à la prise en charge des cas confirmés d'infection au virus SARS-CoV2 », le HCSP annonçait avoir « réactivé le groupe 'grippe, coronavirus, infections respiratoires émergentes' composé d'experts du HCSP ainsi que d'experts n'appartenant pas au HCSP ». Et, en matière de soin à donner aux malades, il concluait qu'« à ce jour dans l'attente de résultats d'essais cliniques dans le COVID-19, permettant de valider une option thérapeutique spécifique, le traitement spécifique à privilégier selon une approche compassionnelle est le remdesivir » (p. 14).

l'antiviral de Gilead était la solution la plus prometteuse [236]. Étrangement, tandis qu'elle bloquera l'hydroxychloroquine, l'Agence Nationale de Sécurité du Médicament (ANSM) délivrera très rapidement une autorisation de mise sur le marché (AMM) pour le Remdesivir [237]. La demande étant à la fois mondiale et empressée, l'aubaine s'annonçait proprement faramineuse.

Las, voici que, le 25 février 2020, D. Raoult annonça depuis Marseille que la Covid pouvait être contrée par une bithérapie précoce utilisant un antipaludéen très ancien (l'hydroxychloroquine) et un antibiotique bactéricide (l'azithromycine), tous deux depuis longtemps tombés dans le domaine public, pouvant donc être fabriqués en générique (ce que le géant du générique Mylan annonça du reste dès le mois de mars 2020 [238]) et ne coûtant donc presque rien. En France, la boîte de Plaquénil (HCQ) était vendue aux environ de 2,20 euros en janvier 2020. De son côté, le prix du Remdesivir est à ce jour inconnu mais le médicament est breveté. On sait seulement que la production de base de la molécule qu'il utilise coûte environ 12 fois plus cher que celle de l'HCQ [239]. Il s'agit par ailleurs d'une injection intraveineuse beaucoup plus délicate, coûteuse à mettre en œuvre, et d'un traitement plus long. De sorte que l'Institute for Clinical and Economic Review estime le seuil de rentabilité de ce médicament à environ 4 500 dollars par traitement [240]. Qui – sauf les fieffés escrocs et les sacrés jobards déjà évoqués – ne

236 C. Demarti, « COVID-19 : en France, le remdesivir recommandé dans les formes graves », *Le Quotidien du Médecin*, 11 mars 2020 ; G. Noussenbaum, « Le remdesivir, un traitement salué par l'OMS », *Décision-Santé-Stratégie*, 20 mars 2020 en ligne].

237 « Le remdesivir a été le premier à obtenir une autorisation de mise sur le marché (AMM) et à déposer un dossier pour être remboursé dans la prise en charge de ses formes sévères », rappellera ainsi la Haute Autorité de Santé (« Évaluation des traitements de la COVID-19 : la HAS publie son évaluation du remdesivir », Communiqué de presse, 17 septembre 2020). Le président de l'ANSM durant toute cette affaire était Dominique Martin (jusqu'à sa démission entérinée le 1er décembre 2020), il n'a cessé de mettre des bâtons dans les roues de l'IHU de Marseille.

238 N. Viudez, « Covid-19 : Mylan augmente sa production de chloroquine », *Industrie Pharma*, 23 March 2020.

239 A. Hill et *al.*, « Minimum costs to manufacture new treatments for COVID-19 », *Journal of Virus Eradication*, 2020, 6 (2).

240 A. Liu, « Fair Price for Gilead's COVID-19 Med Remdesivir ? $4,460, Cost Watchdog Says », *www.fiercepharma.com*, 4 May 2020.

comprend que tous les affidés de l'industriel n'aient eu de cesse de vouloir discréditer D. Raoult et l'IHU de Marseille dans ces conditions ? Et l'histoire se répétera par la suite avec l'ivermectine, antiparasitaire à la molécule ancienne et générique, dont l'intérêt thérapeutique est peut-être supérieur encore [241].

Gilead risquait donc de passer une fois encore à côté du jackpot mondial et de devoir se contenter de s'enrichir nettement moins (mais quand même énormément) par la seconde grande stratégie des nouvelles industries capitalistiques : la spéculation boursière. Les échanges boursiers de l'action de l'industriel se montant finalement à près de 11 milliards de dollars durant ces quelques mois, se pose logiquement la question des délits d'initiés, c'est-à-dire de « la connaissance préalable par certains actionnaires de Gilead de la publication d'articles écrits par Gilead lui-même ou de déclarations ou de fuites provenant de diverses institutions [qui] leur permettrait d'obtenir d'énormes avantages » [242]. Toutefois, lors même que l'OMS fera finalement volte-face devant l'accumulation des études montrant l'inefficacité et même la toxicité du Remdesivir [243], Gilead parviendra tout de même à fourguer son produit à l'Union européenne pour un montant de 1,2 milliard d'euros [244], avant que cette dernière ne s'en débarrasse vers les pays pauvres en ayant de surcroît l'indécence de présenter la chose comme de la générosité [245].

Pour le comprendre, encore faut-il savoir que l'Agence européenne du médicament (EMA) est très largement financée par ces mêmes industriels. En effet, l'EMA ne dépend pas directement des institutions européennes et n'a pas d'autorité

241 Voir le chapitre XXI du tome 2 de ce livre.

242 E. Chabrière, « Does IHU Mediterranean Infection influence Gilead stock price ? », *New Microbes and New Infections*, 2021, 39, p. 100711.

243 « L'OMS ne recommande pas l'administration de remdesivir aux patients COVID-19 », Communiqué de l'OMS, 20 novembre 2020. Au plan scientifique, *cf.* J. Cohen, K. Kupferschmidt, « A very, very bad look for Remdesivir », *Science*, 2020, 6517, p. 642-643.

244 E. Campion, « Remdésivir inefficace : comment la Commission européenne s'est laissée séduire par Gilead », *Marianne.net*, 5 décembre 2020.

245 « De l'oxygène et du Remdesivir seront envoyés de l'UE vers l'Inde dans les prochains jours », *L'Avenir.net*, 27 avril 2021. La liste complète des pays où Gilead a vendu du Remdesivir se trouve sur son site Internet [https://www.gilead.com]. Il s'agit essentiellement de pays africains, asiatiques et d'Amérique centrale.

particulière. Elle fait partir de ces « objets juridiques non identifiés », qui « ne sont que des donneuses d'avis et ne peuvent que jouer un rôle d'influence auprès des institutions et des États membres, qui souvent les ont inspirées » [246]. Plus problématique encore, il suffit de consulter le site officiel de l'EMA pour découvrir que cette agence est en réalité financée à 85 % non pas par la Commission européenne ou les États membres, mais par les industriels par le biais d'un système de « redevances » perçues pour ses services de réglementation : « l'Agence facture des redevances pour les demandes d'autorisation de mise sur le marché et pour les modifications des autorisations de mise sur le marché, ainsi que des redevances annuelles pour les médicaments autorisés » [247]. Enfin, des scientifiques ont dénoncé depuis longtemps le fait que son activité manquait singulièrement de transparence, ne publiant qu'une petite partie des résultats d'études qu'elle enregistrait (ceux qui arrangent les industriels) et mettant un temps invraisemblable à communiquer le reste lorsqu'on la saisit d'une demande de transmission [248]. Loin de les prévenir, cette situation institutionnalise donc en réalité les liens et conflits d'intérêts, ainsi que l'avait pointé également la Cour des comptes européenne en 2012 [249].

Cette très grande porosité face au risque de corruption se lit du reste aisément à travers le parcours de ses dirigeants. Thomas Lönngren, qui a dirigé l'EMA pendant dix ans (2000-2010), a rejoint dès le lendemain de la fin de son mandat le conseil d'administration de *NDA Ltd*, société de lobbying au service des firmes pharmaceutiques, qui l'a recruté en tant qu'« *influenceur de premier plan* » [250]. Il est vrai que T. Lönngren

246 S. Perez, « Union Européenne », *in* P. Gélard (dir.), *Rapport sur les autorités administratives indépendantes*, Paris, Office Parlementaire d'Évaluation de la Législation, 2006, p. 443-444.

247 https://www.ema.europa.eu/

248 P. Gøtzsche, A. W Jørgensen, « Opening up data at the European Medicines Agency », *British Medical Journal*, 2011, 342, d2686. Voir aussi S. Gouin, « Comment l'industrie pharmaceutique a pris d'assaut les institutions européennes », *Observatoire des multinationales*, 24 mai 2019 [en ligne sur https://multinationales.org/].

249 « Dans un rapport, la Cour des Comptes de l'UE estime que les agences de l'UE qu'elle a auditées « ne géraient pas les situations de conflit d'intérêts de manière appropriée » », *EuropaForum.lu*, 11 octobre 2012.

250 « Scandale à l'Agence Européenne du Médicament », *Formindep*, 8 février 2011.

était à l'époque également directeur non exécutif de CBio (une « société australienne développant des biothérapies, notamment un médicament indiqué dans la polyarthrite rhumatoïde dont les tests cliniques s'achèvent »), membre de l'*advisory board* de Novo Nordisk (un laboratoire danois qui voulait déposer la même année une demande d'AMM pour un de ses produits), membre du conseil scientifique de Lundbeck (un laboratoire danois cherchant à lancer un médicament pour le compte de Merck toujours la même année) et enfin *senior advisor* auprès de Essex Woodlands Health Venture (« un fonds d'investissement américain dans le secteur de la santé, qui a repris les entreprises du portefeuille santé de la banque Goldman Sachs »). Le tout se faisant au mépris des règles en vigueur, le statut de fonctionnaire européen prévoyant notamment un délai de viduité de deux ans après la fin des fonctions, afin précisément d'éviter les conflits d'intérêts [251]. Et ce n'est pas tout. L'actuelle directrice générale de l'EMA, Emer Cooke, a d'abord travaillé dans l'industrie pharmaceutique avant de rejoindre son principal lobby en Europe (l'Association européenne de l'industrie pharmaceutique), puis de changer de côté de la table pour se retrouver directrice du département pharmaceutique de la Commission européenne, de faire ensuite un passage par l'OMS et finalement de diriger l'EMA. Enfin, la Commission européenne elle-même est directement et pleinement sous influence des industriels. Non contente d'avoir favorisé l'achat massif de Remdesivir, sa présidente, Ursula von der Leyen, a ensuite orchestré la grande opération vaccinale tout en ayant un fils travaillant pour le cabinet McKinsey (chargé d'organiser la communication de la politique sanitaire dans plusieurs pays dont la France [252]) et un mari directeur d'une entreprise de biotechnologies orientée vers les thérapies géniques, dont l'un des principaux actionnaires est la multinationale Black Rock (plus important gestionnaire d'actifs dans le monde) et qui, dès le 13 mai 2020, avait annoncé le lancement d'une « *plateforme de vaccins cellulaires ciblant le SARS-CoV-2* » [253]. Elle l'a de surcroît

---

251 *Ibid.*

252 Cabinet dont l'un des dirigeants est par ailleurs Victor Fabius, fils de Laurent Fabius, président du Conseil constitutionnel français depuis 2016.

253 V. Reliquet, « Des vaccins écoulés sans aucune AMMc valide, c'est possible ? », *AIMSIB*, 10 octobre 2021 ; F. Schwerer, « Entre synergie et conflits

fait de façon personnelle et officieuse, échangeant pendant des semaines des coups de téléphone et des SMS avec le P.-D.G. de Pfizer, Albert Bourla, avant d'aboutir en mai 2021 à la signature d'un contrat prévoyant la livraison de 1,8 milliard de doses jusqu'en 2023, ainsi que le révéla le *New York Times* [254]. Et lorsque le médiateur européen lui demandera communication de ces échanges privés avec le patron de l'industriel, madame von der Leyen dira qu'elle les a détruits [255]. Pendant ce temps-là, les dirigeants de Pfizer s'enrichiront massivement à titre personnel, profitant du succès des négociations commerciales de leur société pour y ajouter la rente boursière. Son P.-D.G., déjà cité, en profitera ainsi pour vendre 5,6 millions de dollars d'actions (et sa vice-présidente 1,8 million). Les rares journalistes qui s'en inquiéteront [256] oublieront étrangement de signaler que Pfizer est l'industriel pharmaceutique le plus lourdement condamné de l'histoire par la justice américaine pour ses multiples malversations : 42 condamnations et plus de 6,5 milliards de dollars d'amendes depuis 1995 [257]. Une délinquance organisée donc, par des dirigeants à qui les sanctions pécuniaires régulières ne font pas peur compte tenu des bénéfices engrangés (36 milliards de dollars sur le vaccin *Cominarty* en une seule année [258]). Aussi est-ce sans surprise que l'on apprendra grâce au *British Medical Journal* que ces vaccins ont été fabriqués en urgence, par un sous-traitant de Pfizer,

d'intérêts », *Politique Magazine*, 22 septembre 2021. Au chapitre des liens de famille, on signalera aussi que l'épidémiologiste français Antoine Flahault, ancien directeur de l'École des Hautes Études de Santé Publique de Rennes, actuellement directeur de l'Institut de Santé Globale (ISG) à Genève, institut recevant officiellement des subventions du Fonds mondial, de la GAVI et de la Bill & Melinda Gates Foundation (https://www.campusbiotech.ch/fr/node/267), est aussi l'époux de la directrice médicale des affaires scientifiques du LEEM, le lobby pharmaceutique des industriels du médicament (« Le LEEM inaugure une permanence au Ministère de la santé », *Formindep*, 1er avril 2014).

254 M. Stevis-Grindneff, « How Europe Sealed a Pfizer Vaccine Deal With Texts and Calls », *New York Times*, 28 avril 2021.

255 E. Husson, « Ursula von der Leyen a-t-elle instauré une diplomatie personnelle parallèle avec le P.-D.G. de Pfizer ? », *Le courrier des stratèges*, 25 septembre 2021.

256 E. Cugny, « Covid-19 : certains patrons de laboratoire créent la polémique en vendant leurs actions », *France Info*, 17 novembre 2020.

257 https://www.contractormisconduct.org/contractors/188

258 « Pfizer prévoit 36 milliards de dollars de recettes annuelles pour son vaccin anti-Covid », *Le Figaro*, 2 novembre 2021.

dans un souci de rentabilité ayant conduit à bafouer plusieurs règles éthiques et à tricher avec les données (notamment en dissimulant les effets indésirables) [259]. Les mêmes soupçons pèsent depuis longtemps sur AstraZeneca [260]. Et la fiabilité du quatrième industriel commercialisant les vaccins génétiques (Johnson & Johnson) laisse tout autant à désirer [261]. Quant à la société de biotechnologies Moderna, créée en 2010 et introduite en bourse en 2018, spécialisée dans l'expérimentation de l'acide ribonucléique (ARN) messager, les commandes de vaccins anti-covid et la spéculation boursière ont permis à son propriétaire et P.-D.G. – le français Stéphane Bancel – d'accroître sa fortune au point de faire son entrée dans le club des plus riches milliardaires de la planète (classement Forbes) [262]. Un « happy end » surprenant pour une entreprise qui était en grandes difficultés financières avant la crise sanitaire mais qui a trouvé une aubaine inespérée, avec la complicité de hauts fonctionnaires au premier rang desquels Anthony Fauci et Rick Bright, et ce malgré de forts soupçons d'effets indésirables graves (problèmes cardiovasculaires, problèmes de fertilité des femelles) apparus dès les premiers essais sur des animaux [263]. Et pour couronner le tout, non contente d'avoir été sauvée financièrement par les subventions de l'État fédéral américain, Moderna pratique massivement l'évasion fiscale de ses bénéfices, comme l'a montrée l'enquête d'un chercheur travaillant pour le compte d'une ONG hollandaise [264]. Ce sont pourtant ces entreprises délinquantes que des médecins perclus de conflits

---

259 P. Doshi, « Will covid-19 vaccines save lives? Current trials aren't designed to tell us », *British Medical Journal*, 2020, 371, m4037 ; P. Thacker, « Covid-19: Researcher blows the whistle on data integrity issues in Pfizer's vaccine trial », *British Medical Journal*, 2021, 375, n2635.

260 Par exemple : « AstraZeneca may have "included outdated information" in COVID-19 vaccine trial report U.S. says », *CBS News*, 23 mars 2021.

261 Par exemple : N. Raymond, « U.S. states to unveil $26 billions opioid settlement with drug distributors, J&J - sources », *Reuters*, 20 juillet 2021.

262 « Classement Forbes : le P.-D.G. de Moderna fait son entrée dans le club des milliardaires », *Le Parisien*, 6 avril 2021.

263 Voir l'enquête de la journaliste indépendante Whitney Webb : « Moderna: A Company "In Need Of A Hail Mary" », *Unlimited Hangout*, 7 octobre 2021 ; et « COVID-19: Moderna Gets Its Miracle », *Unlimited Hangout*, 28 octobre 2021.

264 V. Kiezebrink, « Moderna's free ride », *SOMO*, 13 juillet 2021 [en ligne sur https://www.somo.nl/modernas-free-ride/].

d'intérêts viennent régulièrement défendre dans les médias [265]. Et c'est entre leurs mains que les gouvernements occidentaux ont donc choisi de remettre ce qu'ils croient apparemment être leur salut.

265 Et pas uniquement sur les vaccins, mais sur tous les produits commerciaux de ces entreprises. Ainsi, lorsque Merck (avec le *Molnupiravir*) puis Pfizer (avec le *Paxlovid*) viendront fin 2021 tenter d'accroître encore leurs bénéfices en faisant acheter également par les gouvernements de nouveaux antiviraux, il se trouvera des médecins (ici Odile Launay, infectiologue à l'hôpital Cochin) pour déclarer qu'« *on aurait préféré voir les résultats détaillés présentés dans un article scientifique en bonne et due forme. Mais comme pour les vaccins, il n'y a aucun risque que la communication des laboratoires ne soit pas basée sur des résultats réels* » (« Covid-19 : les pilules de Merck et Pfizer suscitent espoirs et interrogations », *Le Monde*, 9 novembre 2021).

Le viol des foules par la propagande politique [266]

La volonté de l'OMS, de l'Union Européenne, des fondations philanthro-capitalistes et des industries pharmaceutiques d'imposer une vaccination mondiale n'aurait pas pu se réaliser sans le concours actif d'une part des médias, d'autre part des gouvernements occidentaux. En France, le pouvoir exécutif a utilisé tous les ressorts juridiques et communicationnels, et tous les rouages administratifs possibles pour assurer le succès de la narration annoncée dans ses quatre éléments clefs (dramatisation permanente de la menace, affirmation de l'absence de traitement médical, affirmation de la nécessité et de l'efficacité des confinements et autres restrictions de liberté, attente de la délivrance par la vaccination intégrale de la population). Il faudra un jour évaluer le fonctionnement des agences sanitaires durant cette crise (notamment le Haut Conseil de Santé Publique [HCSP], la Haute Autorité de Santé [HAS] et Santé Publique France [SPF]), la façon dont elles semblent elles aussi gangrenées par les conflits d'intérêts ainsi que la façon dont elles ont reçu et traduit les consignes gouvernementales [267].

Dans cette doxa, le vaccin constituant la fin de l'histoire, sa promotion a logiquement concentré toute la force de la

---

266 On reconnaît là le titre du célèbre livre de Serge Tchakhotine paru pour la première fois en 1939, brûlé immédiatement par la Gestapo et censuré la même année par le ministère français des affaires étrangères (A. Dorna, « Les leçons de Tchakhotine », *Humanisme*, 2016, 4, p. 57-64).

267 La question du HCSP et des conflits d'intérêts a déjà été abordée plus haut. Ajoutons ici que ce ne serait pas la première fois que la HAS serait mise en cause pour ce même problème. En 2018, l'association Anticor avait porté plainte contre six experts de la HAS pour « prise illégale d'intérêts » (« Anticor dépose plainte contre des experts de la Haute autorité de santé (HAS) », *Anticor.org*, 19 octobre 2018). Voir aussi E. Roche, « Mais où est donc passée la Haute Autorité de Santé ? », *Mediapart. Le blog de Laurent Mucchielli*, 16 avril 2020. Enfin, certains observateurs ont noté des discordances fréquentes entre les chiffres collectés localement auprès des hôpitaux par les Agences régionales de santé (ARS) et les synthèses nationales de Santé Publique France, ces dernières semblant exagérer lourdement les réalités de terrain (D. Garnier, « Qui manipule ? Les ARS ? Santé Publique France ? Le gouvernement ? », *Le blog de Denis Garnier*, 17 septembre 2020).

propagande (et son pendant: l'ostracisation de toutes les personnes contestant cette propagande). Rappelons que, dès le 4 juin 2020, à l'occasion du sommet mondial sur la vaccination de l'alliance GAVI, le Président de la République érigeait le vaccin anti-Covid en « bien public mondial » et disait attendre sa découverte [268]. Le 16 décembre 2020, devant l'Assemblée nationale, le Premier ministre Jean Castex faisait du vaccin à venir « l'arme que nous attendions pour, à terme, mettre cette crise derrière nous » [269]. Et le ministre de la Santé, Olivier Véran, faisait de son côté l'éloge univoque de la totalité des vaccins « dont les résultats publiés attestent d'une efficacité remarquable » [270]. À cette date, les seuls résultats publiés étaient pourtant ceux contenus dans les articles financés par les industries pharmaceutiques. Le 31 mars 2021, dans son allocution télévisée, le Président de la République annonçait que, « grâce à la vaccination, la sortie de crise se dessine enfin ». Il précisait que « le vaccin est efficace. Il l'est au bout de quinze jours après l'injection de la deuxième dose ». Il résumait donc ainsi sa politique : « vacciner, vacciner, vacciner. Sans répit, sans jour férié. Le samedi et le dimanche comme la semaine », « tous les Français de plus de 18 ans qui le souhaitent » car « c'est la clé pour renouer avec la vie » [271]. Enfin, dans son allocution du 12 juillet 2021, prétextant de l'expansion du « variant Delta », il affirmait: « Pour lutter, une seule solution: le vaccin ». Estimant que « tous les vaccins disponibles en France protègent solidement » et qu'« ils divisent par 12 son pouvoir de contamination et évitent 95 % des formes graves », il annonçait qu'« il nous faut aller vers la vaccination de tous les Français car c'est le seul chemin vers le retour à la vie normale », parlant désormais de vaccination obligatoire à tout âge. Au passage, le président français livrait le fond de sa pensée qui n'est autre que

268 « Message de M. Emmanuel Macron, président de la République, à l'occasion du Sommet mondial sur la vaccination 2020 de l'Alliance du vaccin Gavi, le 4 juin 2020 ».
269 Déclaration de M. Jean Castex, Premier ministre, sur la stratégie vaccinale du gouvernement dans le dispositif de lutte contre l'épidémie de covid-19, à l'Assemblée nationale le 16 décembre 2020.
270 Déclaration de M. Olivier Véran, ministre des solidarités et de la santé, sur la place de la stratégie vaccinale dans le dispositif de lutte contre l'épidémie de covid-19, à l'Assemblée nationale le 16 décembre 2020.
271 E. Macron, « Adresse aux Français – 31 mars 2021 ».

le programme de la Fondation Gates et de l'alliance GAVI : « cela passe par un projet immense mais indispensable et désormais à notre portée : *vacciner le monde* » [272].

« La répugnance naturelle de l'esprit à accepter une situation de contradiction mentale, de dissonance cognitive, combinée au prix politique à payer pour l'aveu d'un mensonge, peut pousser le menteur dans une logique perverse où la valeur de vérité d'un fait ou d'une information sera sa compatibilité avec le mensonge de départ », écrivait Côme Ferrand il y a quelques années [273]. En l'occurrence, le mensonge de base consiste à faire croire que la clef de l'évolution de l'épidémie est dans les mains d'un pouvoir exécutif omniscient qui dira à la forcément stupide populace ce qu'elle doit faire dans son propre intérêt. Du début à la fin, le pouvoir exécutif a utilisé non seulement le mensonge et le parjure [274] mais aussi nombre de techniques de propagande, décryptées de longue date par les sciences sociales. Plus précisément, il s'agit de ce que Jacques Ellul appelait la *propagande de conformisation* : « En face de la propagande d'agitation [des révolutionnaires, des putschistes, des terroristes], nous trouvons la propagande d'intégration, qui est la propagande des nations évoluées, et caractéristique de notre civilisation. C'est une propagande de conformisation » [275]. En effet, « dans une démocratie, il faut associer les citoyens aux décisions de l'État. C'est là le grand rôle de la propagande. Il faut donner aux citoyens le sentiment (…) d'avoir voulu les actes

---

272 E. Macron, « Adresse aux Français – 12 juillet 2021 » (je souligne).

273 C. Ferrand, « Formes du mensonge politique en démocratie représentative », *Raison Présente*, 1998, 126, p. 45.

274 De la tragique pantalonnade sur les masques et les tests aux multiples variations sur le thème de l'obligation vaccinale, le pouvoir exécutif n'a cessé de recourir aux techniques du mensonge dissimulé derrière des demi-vérités provisoires, dans le but d'amener la population à accepter progressivement ce qu'elle aurait risqué de refuser si on lui avait présenté le résultat final d'emblée. Dernier exemple en date, le ministre de la Santé assurait sans aucune ambiguïté le 26 août 2021 que la question de la troisième dose de vaccin n'aurait aucune conséquence sur le passe sanitaire, et le président de la République dira précisément le contraire dans son allocution télévisée du 9 novembre suivant. On relira à ce sujet les réflexions d'Hanna Harendt sur « le mensonge en politique » (H. Harendt, *Du mensonge à la violence*, trad. Fce Paris, Calmann-Lévy, 1972).

275 J. Ellul, *Propagandes*, Paris, Armand Colin, 1962, p. 88.

du gouvernement, d'en être responsables, d'être engagés à les défendre et à les faire réussir » [276]. On reconnaît là le fondement de ce qui est appelé *nudge* de nos jours, un mot anglais nouveau pour désigner des techniques de marketing et de publicité en réalité très anciennes [277]. C'est aux années d'après la Première Guerre mondiale que remonte cette conception moderne de la propagande que symbolise un Edward Bernays (1891-1995) dont toute l'œuvre de propagandiste et de publicitaire repose sur « l'idée que la masse est incapable de juger correctement des affaires publiques et que les individus qui la composent sont inaptes à exercer le rôle de citoyens en puissance qu'une démocratie exige de chacun d'eux : bref, que le public, au fond, constitue pour la gouvernance de la société un obstacle à contourner et une menace à écarter » [278]. Cette propagande vise d'abord à « façonner les opinions, attitudes et comportements dans la population, créer une unité idéologique, une unanimité politico-mystique assurant [aux détenteurs du pouvoir] à la fois la légitimité, l'autorité absolue et la participation des citoyens à leur plan de gouvernement » [279]. Ensuite, « ce n'est pas seulement une orthodoxie (opinions conformes au dogme) qui est requise, c'est une orthopraxie, c'est-à-dire un engagement dans l'action, avec tous ses corollaires : militantisme, prosélytisme, abnégation, déprivatisation absolue » [280].

Le premier socle permanent de cette propagande fut la peur, permettant de placer les sujets en état de suggestibilité : « l'état émotionnel de la conscience accroît considérablement la suggestibilité, c'est-à-dire la réceptivité à des idées, opinions et croyances jusque-là étrangères, extérieures ou même rejetées. Cela vient de ce que la structure de conscience que l'on nomme 'émotion' consiste avant tout en une submersion plus ou moins durable de la réflexion critique et de la Raison » [281].

276 *Ibid.*, p. 145.
277 B. Stiegler, *De la démocratie en pandémie*, Op.cit., p. 26 et suiv.
278 N. Baillargeon, « Edward Bernays et l'invention du gouvernement invisible », *in* E. Bernays, *Propaganda. Comment manipuler l'opinion en démocratie*, Paris, La Découverte, Zones, 2007, p. 17.
279 R. Mucchielli, *Psychologie de la publicité et de la propagande*, Paris, Éditions Sociales Françaises, 1972, p. 85.
280 *Ibid.*, p. 86.
281 R. Mucchielli, *Opinions et changement d'opinion*, Paris, Éditions Sociales Françaises, 1979, p. 14.

Ensuite, le pouvoir politique s'est efforcé d'installer dans les médias nombre d'« experts » venant certifier le bien-fondé de ses décisions. On reconnaît ici la technique de propagande « blouses blanches et galons », qui consiste à « faire appel à des individus, généralement considérés comme des leaders d'opinion, disposant de par leur titre, grade ou mandat, d'une autorité sociale susceptible de bénéficier d'une crédibilité sans rapport avec leurs propos et de provoquer chez leur audience une adhésion à leurs idées, arguments ou actions. (...) il en résulte l'apparition de spécialistes professionnels, capables d'intervenir sur des sujets dont ils n'ont parfois pas une connaissance suffisante mais sur lesquels ils parviennent à s'exprimer avec un langage convaincant. Leur discours est perçu par la plupart des non-spécialistes comme un avis valant expertise car on a pris soin de les présenter, par exemple par le biais d'un bandeau à la télévision, en mettant en valeur leurs titres, tels que docteur, professeur, général, ainsi que leur domaine d'expertise » [282]. Pour cela, le pouvoir exécutif, ses conseillers et les rédacteurs en chef des grands médias se sont appuyés sur les réseaux de médecins et de chercheurs les plus proches d'eux tant géographiquement que politiquement, notamment à l'INSERM, à l'Institut Pasteur et dans la hiérarchie hospitalière parisienne. On retrouve par ailleurs également dans l'action gouvernementale une grande attention prêtée au contrôle de la production et de la diffusion de l'information légitime. C'est en réalité la première règle de la propagande : « le premier travail du propagandiste doit consister à connaître l'information avant d'être capable de l'influencer » [283]. Le pouvoir exécutif a ainsi communiqué de façon quasi-quotidienne sur les chiffres de l'épidémie puis de la vaccination.

Enfin, en martelant que la vaccination est la seule alternative au reconfinement, le discours du pouvoir exécutif mobilise un autre archétype de la propagande d'État qu'Étienne Augé nomme « *le choix truqué* ». Le principe est le suivant : « La technique du choix truqué consiste à proposer à un public un choix, comme s'il lui revenait de trancher et de choisir la meilleure option, tout en sachant à l'avance quel sera le résultat

282 E. Augé, *Petit traité de propagande. À l'usage de ceux qui la subissent*, Bruxelles, De Boeck Supérieur, 2007, p. 101-102.
283 R. Mucchielli, *Opinions et changement d'opinion*, Op. cit., p. 21.

de cette consultation. Ainsi, le propagandiste met l'auditoire devant l'alternative entre un choix inacceptable qui sera nécessairement rejeté, et une option qui apparaîtra comme peu désirée mais inéluctable devant l'ampleur du danger qui menace. Bien entendu, la majorité, voire l'unanimité du public choisit la solution qui peut la sauver même si elle implique des restrictions et des efforts puisqu'elle n'a en réalité pas le choix. Ainsi, la foule a l'impression que l'on a requis son opinion, et se sent impliquée dans les décisions prises par le propagandiste. (...) on utilise le choix truqué principalement pour expliquer des sacrifices ou pour annoncer des mesures drastiques (...). Il n'est pas rare, dans ces cas-là, que l'on utilise des expressions inquiétantes, car l'objectif est de montrer qu'il n'existe qu'une solution pour prévenir une catastrophe » [284]. Et l'auteur de conclure que le *leader* « doit s'imposer dans un rôle de sauveur qui sait apprécier l'altruisme de ses 'ouailles'. Il peut demander qu'on lui sacrifie certaines libertés primaires afin de mieux garantir la sécurité de chacun dans des temps troublés. Cette technique se retrouve à l'origine de la plupart des systèmes de domination massifs qui conduisent à des dictatures » [285].

Enfin, arrive la technique de la grenouille ébouillantée dans la célèbre fable : plongez une grenouille dans de l'eau bouillante et elle bondira pour s'échapper, mais plongez-la dans de l'eau froide et portez progressivement l'eau à ébullition, la grenouille s'engourdira et finira par mourir de cette cuisson sans s'en apercevoir. Les gouvernements comme celui de la France ont usé et abusé de cette technique de contrainte en passant leur temps à jurer que telle obligation n'arrivera jamais ou que telle catégorie de la population ne sera jamais concernée, afin de ne pas alarmer la population. Tout en réalisant la chose petit à petit. Ainsi la vaccination fut-elle d'abord réservée aux personnes les plus âgées et aux professionnels de soins. Ensuite, elle a été élargie progressivement aux adultes des tranches d'âge inférieures, avant de passer aux adolescents, pour finir avec les enfants. [286]

---

284 E. Augé, *Petit traité de propagande. À l'usage de ceux qui la subissent*, Op. cit., p. 114.

285 *Ibid.*, p. 115.

286 L. Mucchielli *et al.*, « Une nouvelle religion vaccinale est née en Occident», *Quartier Général*, 12 décembre 2021.

Médias et réseaux sociaux, vecteurs majeurs de la propagande politico-industrielle

Last but not least, tout ceci n'aurait jamais pu fonctionner sans le concours volontaire et même acharné des réseaux sociaux et des principaux médias [287]. Ensemble, alimentés par les prédictions catastrophistes des affidés des industries et par l'OMS, ils ont d'abord organisé une formidable « synchronisation des émotions » [288]. Par ailleurs, la plupart des journalistes – y compris dans des médias réputés indépendants et critiques comme *Mediapart* – ont fait preuve d'une connivence, d'une docilité voire d'une servilité étonnante, donnant à tous les aspects de cette propagande politique (dramatisation permanente de l'épidémie, justification d'une politique liberticide, acharnement à décrédibiliser toutes les voix dissonantes [289], adoubement de l'idéologie de la vaccinale intégrale) une force probablement inédite dans l'histoire des démocraties modernes. Tous les mécanismes décrits par Noam Chomsky et Edward Herman dans *Manufacturing Consent. The Political Economy of the Mass Media* (1988) se retrouvent ainsi dans cette crise et ont été de surcroît terriblement amplifiés par les réseaux sociaux [290].

Le premier constat est celui de la dépendance quasi-totale des journalistes envers des sources gouvernementales qui leur facilitent le travail (communiqués de presse, dépêches, dossiers documentaires, etc.) et leur incapacité à engager de véritables investigations toujours longues et coûteuses. Le second constat est la perte de l'indépendance financière, qui place désormais la quasi-totalité des titres de presse dans une double dépendance envers les milliardaires qui possèdent les titres et les gouvernements qui les subventionnent par ailleurs.

---

287 Pour une analyse détaillée, voir le chapitre XVI du tome 2 de ce livre.

288 P. Virilio, *L'administration de la peur*, Paris, Textuel, 2010.

289 Les auteurs de ce livre en ont tous subi les frais à un moment ou un autre, mais c'est bien évidemment l'IHU de Marseille et son directeur Didier Raoult qui en ont été les premières et plus graves victimes. Ils ont en effet été l'objet d'un véritable acharnement haineux et malhonnête de la part de nombreux journalistes travaillant notamment dans les principaux journaux (*Le Monde, Mediapart, L'Express, Libération, Le Point*, etc.).

290 E. Herman, N. Chomsky, *La fabrication du consentement. De la propagande médiatique en démocratie*, trad. Marseille, Agone, 2008.

La plupart des journaux, des radios et des télévisions sont aujourd'hui la propriété de quelques milliardaires et autres « grandes familles » [291]. Ce processus de concentration est tel que dix sociétés contrôlent 90 % de la presse écrite, 55 % des parts d'audience de la télévision et 40 % des parts d'audience de la radio [292]. De l'autre côté, en France, outre le maintien d'un ensemble de médias audio-visuel publics (*Radio France* et *France Télévision*), l'État finance également depuis de nombreuses années les entreprises de presse qui, ainsi, en dépendent. Le ministère de la Culture a publié en juin 2021 ces montants de subventions accordées à plus de 400 titres de presse en 2019 : 12,7 millions d'euros au total pour *Aujourd'hui en France*, près de 6 millions pour *Libération*, plus de 5 millions pour *Le Figaro* et *Le Monde*, 4,4 millions pour *La Croix*, 3,3 pour *L'Humanité*, 2,6 pour *Ouest-France*, près de 2 millions pour *L'Opinion* et le *Journal Du Dimanche*, et autour d'1 million pour une petite dizaine de titres de la presse quotidienne régionale [293]. Par ailleurs, dans son rapport de 2013, la Cour des comptes proposait un inventaire de ces aides et attirait notamment l'attention sur le cas de l'Agence France Presse (AFP), énorme entreprise de fabrication d'informations à destination de la totalité des médias français (et étrangers), qui a un statut juridique d'établissement public autonome et dont l'État est à la fois une des instances dirigeantes et le premier client (assurant environ 40 % des recettes de l'agence) [294]. On remarque enfin que la presse a été très largement bénéficiaire des aides exceptionnelles de l'État liées à la crise, avec un demi-milliard d'euros annoncés dans le plan de relance en août 2020 [295]. De quoi acheter bien des silences et faire accepter bien des compromissions. Dans cette double dépendance, les médias ont ainsi définitivement perdu toute capacité à représenter un « quatrième pouvoir »

---

291 « Médias français : qui possède quoi ? », *Le Monde Diplomatique*, décembre 2020.

292 A. Rousseaux, « Le pouvoir d'influence des dix milliardaires qui possèdent la presse française », *Basta Mag*, 7 avril 2017.

293 Ministère de la Culture, « Tableaux des titres et groupes de presse aidés en 2019 » [en ligne sur https://data.culture.gouv.fr/].

294 Voir le rapport de la Cour des comptes, *Les aides de l'État à la presse écrite*, Paris, 2013, p. 45 *sqq*.

295 F. Schmitt, « La presse obtient à son tour un plan de relance », *Les Échos*, 27 août 2020.

et à protéger la démocratie et les citoyens de la propagande politique [296]. Au contraire, ils sont désormais structurellement sous influence des puissances économiques et politiques dont ils relayent de fait la vision du monde et les intérêts [297].

Herman et Chomsky montrent par ailleurs l'importance du recours par les médias à toute une série d'« experts » faussement indépendants, qu'ils soient de simples « consultants », des journalistes spécialisés, des animateurs de *think tanks* ou même des universitaires dont les recherches sont financées par ailleurs par le gouvernement ou les industriels. Ces « experts » se comportent alors comme des « influenceurs » comme l'on dit de nos jours. Et là encore, le traitement journalistique de la crise actuelle n'a fait qu'étaler au grand jour ces connivences. Marc-Olivier Fogiel, directeur général de la chaîne de télévision d'information continue BFMTV, avait du reste vendu la mèche assez vite. Dans un entretien à *Ouest France*, en mai 2020, après s'être félicité de l'audience « historique » acquise par son média dès le début de la crise, il expliquait tranquillement : « j'ai travaillé au tout début avec l'AP-HP *(Assistance publique des Hôpitaux de Paris)* et avec les médecins référents du Comité scientifique. Nous avons établi une liste de médecins estampillés les meilleurs par spécialité et c'est à chaque fois vers eux qu'on s'est tournés » [298]. Ainsi, donc, le gouvernement a donné aux médias non seulement les « informations » à relayer mais aussi les « experts légitimes » pour les commenter à longueur de journée.

Comme pour dissimuler tous ces mécanismes de dépendance et de soumission à l'égard des puissances politiques et économiques qui les contrôlent de plus en plus, l'ensemble des médias (télévisions, radios et journaux) ont inventé ces dernières années un nouveau type de rubrique, le « fact checking ». Ce dernier occupe une place croissante dans les rédactions et dans la production des contenus lors même qu'il s'est rapidement détourné de ses objectifs initiaux (vérifier la crédibilité des discours des politiciens) pour devenir au contraire une caricature

---

296 P. Merlant, L. Chatel, *Médias. La faillite d'un contre-pouvoir*, Paris, Fayard, 2009.

297 S. Halimi, *Les nouveaux chiens de garde*, Paris, Raisons d'agir, 2005.

298 « Marc-Olivier Fogiel : 'BFM concentre les critiques comme TF1 avant' », *Ouest France*, 17 mai 2020.

de conformisme et de dépendance à l'égard des sources gouvernementales faciles d'accès. Lors même qu'il se situe à l'opposé du journalisme d'investigation en permettant de s'affranchir de toute démarche d'enquête sur le terrain (les articles pouvant s'écrire entièrement depuis son bureau à l'aide d'un ordinateur et d'un téléphone), ce genre de journalisme *low cost* n'a pourtant pas incité les journalistes y œuvrant à un peu de modestie. Il met au contraire en scène des personnes prétendant démêler le vrai du faux sur n'importe quel sujet, avec une assurance étonnante, parfois même une arrogance confondante [299]. Beaucoup sont devenus des sortes de policiers de la pensée unique, cherchant à exclure de l'espace légitime du débat public toutes les informations et toutes les personnes mettant en cause la « vérité officielle ». Un véritable naufrage tant intellectuel que moral.

À cela s'ajoute enfin l'entrée en jeu dans le contrôle de l'information des multinationales du numérique que sont en particulier Google et Facebook. Sous la menace d'un lourd redressement fiscal en 2012, Google a eu l'idée de créer l'année suivante un « fonds d'aide au développement de la presse écrite » en France, afin de « soutenir un journalisme de qualité grâce aux technologies et à l'innovation ». C'est ainsi que, en 2019, 21 médias français ont reçu des subventions à hauteur de 6,4 millions d'euros. Et c'est alors qu'ont fleuri sur les sites Internet des principaux médias quantité d'infographies, d'analyses de type « big data » ainsi que les rubriques de « fact check », traque des « fake news » et sites « complotistes » [300]. Et Google n'est pas le seul géant du numérique à exercer cette sorte de police de la pensée sur Internet. Facebook le fait aussi depuis 2017, toujours par le biais de la chasse aux « fake news » [301]. Huit médias français ont ainsi signé avec cette entreprise un partenariat : les quotidiens *Libération, Le Monde et 20 Minutes, l'hebdomadaire l'Express,* la chaîne de télévision *BFMTV* ainsi que *l'AFP* et le service public de l'audiovisuel à savoir le groupe *France Télévisions* (inclus *France Info* qui est à la fois une chaîne

---

299 Voir notamment les chapitres I, VI, VII, VIII, XVI et XXIX du tome 2 de ce livre.

300 D.-J. Rahmil, « Google finance les médias et dessine les nouvelles tendances du journalisme », *L'ADN*, 2 avril 2019.

301 G. Pépin, « 'Fake news' : Facebook va rémunérer des éditeurs français et fait sa publicité dans la presse », *NextInpact*, 26 avril 2017.

de télévision, une radio et un important site Internet) et France médias monde (qui regroupe la chaîne de télévision *France 24*, Radio France Internationale et détient une participation dans *TV5 Monde*). Pour les financer, Facebook achète au prix fort des espaces publicitaires, de même qu'il diffuse des contenus vidéos de ces médias via des applications pour smartphones dont Facebook garde le contrôle et partage les profits générés par les publicités [302].

En France comme dans d'autres pays (notamment aux États-Unis après l'élection de Donald Trump en 2016, marquée par des soupçons d'ingérence de la Russie, faisant trop vite oublier le scandale *Cambridge Analytica* impliquant directement Facebook [303]), ces opérations ont été activement soutenues par l'État. Dans ses vœux à la presse, en janvier 2018, Emmanuel Macron annonçait une loi pour lutter contre la diffusion des fausses informations sur Internet en période électorale. Ce sera la loi du 22 décembre 2018 « relative à la lutte contre la manipulation de l'information », adoptée malgré l'opposition du Sénat et avec des réserves d'interprétation du Conseil constitutionnel. Cette loi, toutefois, ne concerne pas que l'information en contexte électoral. Elle donne de nouveaux pouvoirs de censure au Conseil Supérieur de l'Audiovisuel (CSA) et organise la coopération avec les géants d'Internet (Facebook, Google, YouTube, Twitter) afin de lutter contre toute production d'informations qui serait susceptible de « troubler l'ordre public ». Cette nouvelle forme de censure d'État, et les dangers potentiels pour la liberté d'expression et d'information qu'elle porte, furent à l'époque critiqués en vain par le Syndicat National des Journalistes (SNJ), Reporters Sans Frontières (RSF), le Syndicat de la presse indépendante d'information en ligne (SPIIL), des associations de défense de la liberté numérique comme la *Quadrature du Net* et des chercheurs spécialisés [304]. À peine plus d'un an après le vote de cette loi, la crise sanitaire est venue montrer

302 L'Observatoire du journalisme, « Tout ce que les éditeurs perdent, Facebook et Google le gagnent », 21 janvier 2018. On sait que le modèle économique de Facebook est tout entier basé sur la publicité : R. Badouard, *Les nouvelles lois du web. Modération et censure*, Paris, Seuil, 2020, p. 73.

303 I. Bokanovski, *Internet. Une plongée dans le web de l'influence*, Paris, Balland, 2020, p. 61 *sqq*.

304 L. Haéri, « Loi contre les *fake news* : chasse aux fausses informations ou nouvelle censure ? », *Le Journal Du Dimanche*, 7 juin 2018.

la puissance de ces nouvelles façons de policer la pensée, ainsi que leur caractère profondément anti-démocratique. Jamais la fermeture du débat public n'aura été aussi évidente dans les médias, jamais la propagande n'aura été aussi forte sur Internet (songeons à la façon dont Google rend visible ou invisible les contenus en ligne, à la façon dont Twitter accélère ou ralentit la diffusion des messages en fonction de leurs auteurs ou encore à la façon dont les influenceurs ont pris le contrôle de Wikipédia) et jamais la censure n'aura été aussi forte et fréquente sur les réseaux sociaux [305]. La crise du Covid a ainsi donné lieu à un processus international de normalisation éditoriale visant à assurer ce que Bourdieu appelait « le monopole de l'information légitime » [306]. Et ceci devrait constituer une inquiétude majeure pour tout démocrate.

305 De même que nombre de journalistes se sont crus compétents et autorisés pour prendre parti dans les controverses scientifiques, les « modérateurs » des réseaux sociaux ont pratiqué une censure massive, jusque et y compris des publications des scientifiques les plus reconnus (voir le chapitre XIV du tome 2 de ce livre).

306 P. Bourdieu, *Sur la télévision*, Paris, Seuil, 1996, p. 82.

Une tristesse et une forte inquiétude devant le conformisme et la soumission

Ce petit livre, qui tente de livrer une vision globale des multiples dimensions de la crise du Covid, touche presque à son terme. Je voudrais y exprimer une tristesse personnelle et une inquiétude générale. La tristesse n'est pas celle d'avoir été soi-même incompris ou maltraité. Quiconque s'expose dans le débat public en prend par définition le risque. Et c'est par ailleurs toute la population qui a été maltraitée, avec une mention particulière pour les personnels soignants qui, du début à la fin, auront été les premières victimes de la catastrophique gestion politico-sanitaire de cette crise. D'abord, ceux d'entre eux qui travaillent à l'hôpital (comme par ailleurs dans les EHPADs) ont hérité pendant deux années de patients arrivant parfois dans un état désespéré, parce que le gouvernement avait décrété que les médecins de ville ne devaient pas soigner. Ils portent ainsi le poids psychologique d'une mortalité inédite dont ils ne sont pourtant pas responsables. Ensuite, ils ont essuyé les plâtres de la vaccination avec le produit de AstraZeneca, dont le gouvernement français (et la Haute Autorité de Santé) leur a réservé la primeur début février 2021, avant que la plupart des pays européens ne le retirent des étagères un mois et demi plus tard en raison de ses graves effets indésirables (thromboses et syndromes de Guillain-Barré notamment). Enfin, lorsqu'ils refuseront la vaccination obligatoire après l'été 2021, plusieurs dizaines de milliers seront suspendus de leurs fonctions (et de leurs salaires). Nombre de médecins, sage-femmes, infirmières, aides-soignants, ambulanciers, brancardiers, kinésithérapeutes, pharmaciens hospitaliers (mais aussi personnels administratifs, agents d'entretien et de sécurité), cumulent ces victimations et peuvent ainsi être considérés – au même titre que les mourants et leurs proches – comme de véritables martyrs non pas de l'épidémie mais bien du pouvoir politique qui l'a gérée.

Notre tristesse personnelle est donc ailleurs. Elle réside dans le fait que, parmi les intellectuels sensés en avoir la préoccupation et les moyens, nous ayons été si peu nombreux à nous montrer capables de nous émanciper de la propagande politico-médiatique, et encore moins nombreux à avoir le courage de l'assumer publiquement. La tristesse se mue alors en inquiétude majeure pour l'avenir.

Certes, le conformisme ne saurait surprendre un chercheur en sciences sociales. Le conformisme est le mécanisme le plus élémentaire et le plus quotidien de la vie sociale. Sa force est telle qu'il conduit les individus à accepter le jugement d'autrui même lorsque ce dernier contredit leurs convictions personnelles ou simplement leur perception des choses les plus concrètes, afin de ne pas passer pour un déviant et risquer de subir la réprobation voire l'ostracisation de la part des autres. La célèbre expérience de Solomon Asch l'a établi dès la fin des années 1940 [307]. Il n'est pas non plus étonnant de constater que les individus peuvent se soumettre à une autorité parée des habits de la science, au point d'enfreindre des règles morales aussi élémentaires que le fait de ne pas faire souffrir des inconnus sans raison. Ce sont cette fois-ci les expériences de Stanley Milgram qui l'ont cruellement démontré une douzaine d'années plus tard [308]. Tout ceci est classique en sciences humaines et sociales. Au fond, le premier drame de l'humanité (ainsi que la solution à un très vieux questionnement philosophique) est le fait qu'il n'y ait pas de « nature humaine ». Si puissant soit son intellect et si nombreuses soient ses petites stratégies de distinction individuelle, l'être humain demeure un animal hypersocial totalement dépendant et imitateur de ses semblables. Et le second drame est sans doute le fait que ce même intellect dont l'humain est si fier (son lobe frontal si l'on veut) demeure soumis aux émotions (son lobe temporal), dont la plus forte est probablement la peur de la souffrance et de la mort, qui engendre une recherche de protection. Les religions en ont toujours tiré un avantage majeur, en proposant à la fois des explications (des eschatologies, des boucs-émissaires) et des remèdes (des rituels, des talismans, etc.) [309]. Nombre de comportements observés au quotidien durant cette crise ont du reste reproduit ces

307 S. Asch, « Effects of group pressure upon the modification and distortion of judgments », *in* H. Guetzkow (ed.), *Groups, leadership and men; research in human relations*, Pittsburg, Carnegie Press, 1951, p. 177-190.

308 S. Milgram, *La soumission à l'autorité*, trad. Paris, Calmann-Lévy, 1975.

309 J. Delumeau, *La peur en Occident (XIVe-XVIIIe siècles)*, Paris, Fayard, 1978; G. Fabre, *Épidémies et contagions. L'imaginaire du mal en Occident*, Paris, Presses Universitaires de France, 1998.

mécanismes superstitieux que l'on croyait dépassés, à l'image de la croyance dans la protection conférée par le port du masque dans n'importe quelle circonstance et, bien entendu, par les nouveaux vaccins. De même, il n'est que trop évident que tous les citoyens ne souhaitant pas – pour des raisons très diverses – se voir injecter les nouveaux vaccins génétiques sont transformés en boucs-émissaires par les gouvernements qui rivalisent d'ingéniosité morbide à leur encontre, comme jadis à l'encontre des pestiférés [310]. En Occident, le grand processus de sécularisation qui travaille les sociétés depuis plus de trois siècles n'a donc pas supprimé les ressorts psychologiques individuels de la croyance magique. Ces ressorts sont même au contraire d'autant plus forts que la puissance publique, les médias, les réseaux sociaux et de nombreuses organisations exercent en ce sens une pression de conformité sur leurs membres en utilisant tous les modes de communication et toutes les formes possibles de propagande.

Si tout ceci peut aussi facilement conduire à un conformisme et une soumission aussi forts, alors c'est bel et bien la démocratie – au sens d'un idéal égalitariste et participatif se déclinant dans un projet de société et dans des modes de gouvernance – qui est en grand danger pour les décennies à venir. Non seulement la peur n'est pas bonne conseillère comme dit l'adage populaire, mais elle est de surcroît une émotion qui empêche d'analyser et donc de comprendre la menace. En l'occurrence, en se contentant d'énoncer et d'entretenir la peur, et de s'en remettre à un miracle vaccinal pour l'en délivrer, l'humanité se prépare beaucoup d'autres « crises » et beaucoup d'autres erreurs tout aussi dramatiques que celles mises en évidence dans cette enquête. Nous voudrions, pour terminer, alerter sur ces deux sinistres potentialités d'avenir.

310 M. Slama, « Le non-vacciné est le bouc émissaire de la crise », *Figaro Vox*, 15 novembre 2021.

L'avenir de la démocratie en question

Dans de nombreux pays occidentaux dont la France, les gouvernements ont décrété des mesures liberticides inédites « pour raisons sanitaires » et ils ont massivement infantilisé et culpabilisé les populations en les rendant responsables des flambées épidémiques [311]. En France, ce thème du « relâchement » coupable des citoyens est presque devenu un marronnier du traitement politico-médiatique durant la crise. Cette moralisation d'un problème de santé publique est pourtant des plus stupides et cette mise en scène par le pouvoir de sa bienfaisante autorité des plus mensongères [312]. En réalité, il n'existe aucune corrélation entre la sévérité de mesures politiques prises pour lutter contre l'épidémie et les dégâts occasionnés par cette dernière. On l'a déjà dit, en Occident où s'est concentrée la mortalité liée à l'épidémie, les meilleurs résultats ont été obtenus par les pays scandinaves (Danemark, Finlande, Islande, Norvège et dans une moindre mesure Suède) et par des pays comme le Canada et les Pays-Bas qui sont classiquement les moins autoritaires ou les plus démocratiques [313]. Inversement, les pires taux de mortalité s'observent dans les pays les moins démocratiques (anciennes dictatures contrôlées par l'URSS) comme la Roumanie, la Bulgarie, la Bosnie-Herzégovine, la Hongrie, la Tchéquie ou la Slovaquie [314]. Les pays les plus confinateurs d'Europe de l'Ouest (et les États-Unis) se situent au milieu du classement.

Outre la disparition du journalisme en tant qu'il surveillait le gouvernement (il semble au contraire surveiller désormais au contraire les adversaires du gouvernement), c'est le contre-pouvoir parlementaire qui a été le plus dégradé depuis mars 2020.

311 B. Gaillard, *Quelques leçons sur les épidémies*, Paris, L'Harmattan, 2020, p. 82 et suiv.

312 Plus grave encore est l'insouciance d'un pouvoir politique incapable de s'appliquer à lui-même les contraintes imposées à la population, au point de devenir un véritable danger pour elle comme ce fut probablement le cas de la visite d'Emmanuel Macron en Polynésie française à la fin du mois de juillet 2021 (« Covid-19 : le voyage d'Emmanuel Macron en Polynésie a-t-il pu aggraver la situation ? », *Yahoo ! Actualités*, 12 août 2021).

313 Voir le classement annuel de *The Economist*, déjà cité.

314 Voir le tableau 1 situé en annexe de cette introduction.

En cause une reconduction quasi permanente d'un état d'urgence qui réduit le contrôle parlementaire du gouvernement à peau de chagrin [315]. Une sorte de coup d'état d'urgence permanent. Et, comme si cela ne suffisait pas, à partir du dernier trimestre 2020, le président de la République française a fini par prendre les décisions importantes en se passant même du gouvernement et de ses ministres, se contentant de réunir autour de lui un « Conseil de défense » dont la composition est inconnue et dont les participants sont tenus au secret-défense [316]. Ainsi peut-on conclure que, en France, non seulement Emmanuel Macron n'a rien renié de « l'ancien monde » qu'il prétendait renouveler, mais il en a au contraire caricaturé tous les travers autoritaristes dans un renoncement à l'idéal démocratique et une infantilisation des citoyens que Sandra Laugier et Albert Ogien avaient d'emblée analysés très lucidement [317]. Comme le disait également Roland Gori en 2019, dans le contexte du mouvement des Gilets jaunes, le président de la République ne gouverne pas les Français, il les soumet [318].

Par ailleurs, à l'occasion de cette crise, plusieurs pays ont mis en œuvre des dispositifs de contrôle et de surveillance de la population inédits et parfois illégaux. En France, nul ne sembla s'étonner qu'un opérateur de téléphonie comme Orange puisse géolocaliser les citoyens et indiquer au gouvernement où ils étaient partis se confiner en mars 2020 [319]. Nul ne sembla non plus être choqué par l'usage soudainement banalisé des drones par les forces de l'ordre, en toute illégalité [320], ni par l'installation dans le métro parisien d'un logiciel de détection du port du masque ou encore par la mise en place de caméras équipées de

---

315 E. Lemaire, « Carence du contrôle parlementaire et contrôle politique par les experts », *JP blog, le blog de Jus Politicum*, 9 novembre 2021.

316 Situation que le parti politique *La France Insoumise* est le seul à avoir dénoncée collectivement (« Covid-19 : Jean-Luc Mélenchon alerte contre « les débordements du pouvoir solitaire » », *Le Journal du Dimanche*, 31 octobre 2020).

317 S. Laugier, A. Ogien, *Antidémocratie*, Paris, La Découverte, 2017.

318 R. Gori, « Emmanuel Macron ne gouverne pas les Français, il les soumet », *Huffington Post*, 14 août 2019.

319 « Plus d'un million de Franciliens ont quitté la région parisienne avant le confinement : comment Orange le sait », *Le Parisien*, 26 mars 2020.

320 Il faudra attendre décembre 2020 pour que le Conseil d'État puis la Commission Nationale Informatique et Libertés (CNIL, Délibération du 12 janvier 2021) s'en émeuvent enfin.

systèmes de mesure de la température des personnes dans des écoles, des aéroports et des bâtiments publics [321]. En avril, le gouvernement annonça le lancement d'une première application dénommée « Stop Covid » qui comportait d'évidents risques de rupture de l'anonymat et de surveillance générale des citoyens. Ajoutons-y un risque majeur de discrimination selon que les personnes auraient ou non un smartphone et auraient ou non téléchargé une application s'apparentant là encore à un pis-aller et une diversion technologique lors même que les outils les plus importants de dépistage (les tests) et de protection pour les personnes à risque les soignants (masques, gel, blouses, etc.) manquaient cruellement [322]. Plus tard, le gouvernement confiera à une société privée le soin de collecter les résultats des tests de dépistage, sans se préoccuper de la confidentialité de ces données de santé [323]. Enfin, la facilité avec laquelle le gouvernement français a imposé un « passe sanitaire » incroyablement discriminant et dénué de tout fondement scientifique (puisque la vaccination ne protège pas de la contamination ni de la transmission du virus) est confondante à la fois dans l'intention et dans l'absence de réaction de quasiment toutes les institutions censées protéger les libertés individuelles et collectives en France [324]. Dans cette grande bérézina des libertés et des droits fondamentaux qu'a été la « crise du Covid », une seule institution (la Défenseure des Droits) a émis, tardivement, des critiques importantes [325]. Dans un communiqué du 14 octobre 2021, face à un pouvoir exécutif tentant de faire prolonger l'état d'urgence sanitaire jusqu'au 31 juillet 2022, elle dira sa grande inquiétude « que des mesures d'exception s'inscrivent dans la durée et rappelle que toute mesure portant atteinte aux libertés doit être adaptée,

---

321 « La technopolice progresse, la CNIL mouline », *La Quadrature du Net*, 3 juin 2020.

322 « Nos arguments pour rejeter Stop Covid », *La Quadrature du Net*, 14 avril 2020; A. Casilli et *al.*, « StopCovid est un projet désastreux piloté par des apprentis sorciers », *La Quadrature du Net*, 25 avril 2020

323 CNIL, « COVID-19: mise en demeure de la société Francetest pour sécurisation insuffisante des données de santé », 14 avril 2021.

324 Voir les chapitres XXXIV, XXXV et XXXVI du tome 2 de ce livre.

325 Tout démocrate sincère devra à l'avenir s'interroger sur le fait que l'institution qui aurait dû jouer ce rôle de garant des droits et libertés fondamentaux – le Conseil constitutionnel – a montré plus que jamais son incapacité à le faire.

nécessaire et proportionnée à l'objectif poursuivi », et alertera sur des mesures (comme le déremboursement des tests) qui « s'apparentent à une obligation vaccinale déguisée » [326]. Quelques jours plus tard, la CNIL rappelait de son côté que le gouvernement ne lui avait jamais fourni les preuves de l'efficacité de tous les systèmes de surveillance et de contrôle sanitaires mis en place depuis mars 2020 [327]. Et pour cause…

Il est également plus qu'inquiétant de voir les gouvernements occidentaux et de nombreux parlementaires s'engager sans retenue dans la voie de l'identification numérique au nom des libertés « à retrouver », à l'image de ces sénateurs français écrivant un rapport entier pour expliquer que l'expérience de certains pays asiatiques montrerait que le numérique constitue l'« élément-chef de sortie de la crise sanitaire », en vantant des outils dont « l'efficacité est directement liée à leur intrusivité », tout en déconsidérant les critiques attribuées à un « conservatisme juridique » et « une sensibilité coûteuse et mal placée » [328], reprenant ainsi tous les éléments de langage des industriels du secteur. Car – et cela n'a rien d'une « théorie du complot », la chose est factuelle – tel est bien l'autre ambition de Bill Gates, de ses alliés industriels et de tous leurs affidés : contrôler l'identité numérique et les données de santé des individus dès la naissance, leur imposer un « passeport numérique » contrôlant leurs données de santé par des systèmes de tatouage voire de puces implantées sous la peau [329]. Qui ne comprend que, dans cette logique de pensée, les êtres humains sont considérés comme un vaste troupeau dont il s'agit d'assurer la traçabilité, en un mot : comme du bétail ? Et, plus largement, qui ne comprend l'escroquerie intellectuelle (et l'oxymore) en quoi

326 « La Défenseure des droits préoccupée par l'impact sur les droits du déremboursement des tests de dépistage du Covid-19 », Communiqué du 20 octobre 2021.

327 « La CNIL publie son quatrième avis adressé au Parlement sur les conditions de mise en œuvre des dispositifs contre la COVID-19 », CNIL, 30 novembre 2021.

328 V. Guillotin, C. Lavarde, R.-P. Savary, *Crises sanitaires et outils numériques : répondre avec efficacité pour retrouver nos libertés*, Sénat, Rapport d'information n° 673, 3 juin 2021.

329 K. Weintraub, « Invisible Ink Could Reveal whether Kids Have Been Vaccinated », *Scientific American*, 18 décembre 2019 ; R. Kennedy Jr, « Yes, Bill Gates Said That. Here's the Proof », *The Defender*, 12 novembre 2020.

consiste l'idée selon laquelle il nous faudrait plus de surveillance et de contrôle numériques pour mieux garantir nos libertés? Shoshana Zuboff a bien analysé ce nouveau capitalisme de surveillance et ses connivences croissantes avec les gouvernements néolibéraux des pays occidentaux [330]. Nous l'avions également montré dans notre enquête sur la vidéosurveillance, dont le succès est dû non pas du tout à sa (très faible) capacité à réduire la délinquance, mais à l'alliance d'intérêts bien compris des industriels du secteur faisant de bonnes affaires et des élus faisant de la politique avec le thème de la sécurité [331].

Nous assistons ainsi depuis près de deux ans à un recul majeur de la démocratie ainsi qu'à la mise en place de nouveaux outils administratifs et technologiques de surveillance et de contrôle des populations. Le sanitaire prolonge désormais le sécuritaire pour organiser un contrôle croissant des esprits et des corps dont le résultat est déjà visible en Chine [332]. Nous nous en approchons de plus en plus car tel est le talon d'Achille de nombreuses démocraties occidentales: par temps calme elles appliquent tant bien que mal leurs principes, mais dès qu'une crise importante survient (sécuritaire, sanitaire, peut-être climatique demain) leurs dirigeants paniquent et/ou se muent en chefs militaires et prennent des mesures anti-démocratiques présentées comme d'abord provisoires puis finissant toujours par entrer tout ou partie dans leurs fonctionnements ordinaires. Si nous ne prenons pas la mesure de cette fragilité structurelle, nos démocraties pourraient bien, comme Achille, finir un jour par en mourir.

---

330 S. Zuboff, *L'âge du capitalisme de surveillance*, Paris, Zulma, 2020. Voir aussi Groupe Marcuse, *La liberté dans le coma. Essai sur l'identification électronique et les motifs de s'y opposer*, Paris, La Lenteur, 2013, ainsi que T. Nitot, *Surveillance:// Les libertés au défi du numérique*, Paris, C&F éditions, 2016 et O. Tesquet, *État d'urgence technologique. Comment l'économie de la surveillance tire parti de la pandémie*, Paris, Premier Parallèle, 2021.

331 L. Mucchielli, *Vous êtes filmés. Enquête sur le bluff de la vidéosurveillance*, Op. cit.

332 Sur la « nouvelle gouvernementalité numérique » en Chine et son système de « crédit social », voir M. Hvistendahl, M. Saint-Upéry. « Bienvenue dans l'enfer du *social ranking*. Quand votre vie dépend de la façon dont l'État vous note », *Revue du Crieur*, 2018, 10 (2), p. 4-21.

Sortir de la peur, penser l'avenir de la santé publique

Nous l'avons dit à plusieurs reprises, dans les pays occidentaux l'enfermement dans le registre émotionnel est l'une des raisons majeures de la grave défaillance de toute la réflexion collective sur ce qui était en train de nous arriver. La peur de la mort a empêché à la fois de faire les bons diagnostics et de prendre les bonnes décisions. Et cette même peur ancestrale a précipité dans la croyance magique voire religieuse au miracle vaccinal [333]. Cette peur a été savamment entretenue par des industries pharmaceutiques qui entrevoyaient (avec raison) une aubaine financière historiquement inédite, par une OMS dont les dirigeants croyaient sans doute retrouver un rôle international de premier plan tout en satisfaisant leurs financeurs privés, et enfin par des gouvernements qui, comme en France, ont fait avec ce virus ce qu'ils savent faire le mieux de manière générale: de la politique à leur avantage. À bien des égards, la « crise sanitaire » actuelle constitue une terrible confirmation des analyses visionnaires de Paul Virilio. Ayant renoncé à un État-Providence prenant soin de l'intégration et de la sécurité sociales des citoyens, les gouvernements occidentaux se recentrent de plus en plus sur la « sécurité corporelle » des individus, cette « double idéologie sanitaire et sécuritaire » se faisant essentiellement au nom du progrès et par le biais de la « propagande technologique » [334].

Une réflexion débarrassée de cette peur et de la paralysie intellectuelle qu'elle provoque aurait dû permettre d'emblée de mieux comprendre la menace. Loin des comparaisons ridicules que l'on a pu lire et entendre avec les pestes médiévales, le choléra ou encore la grippe espagnole, la Covid est d'abord fondamentalement une maladie gériatrique. Comme nous l'indiquions avec L. Toubiana et J.-F. Toussaint en novembre 2020,

333 Donnant une confirmation tardive mais spectaculaire aux analyses psychosociologiques développées par Ernest Becker (*The Denial of Death*, New York, Simon & Schuster, 1973), prolongées plus récemment par Sheldon Solomon, Jeff Greenberg et Tom Pyszczynski (*The Worm at the Core. On the Role of Death in Life*, New York, Random House, 2015).

334 P. Virilio, *L'administration de la peur*, Op. cit.

en France la moyenne d'âge des décès attribués à la Covid et comptabilisés par l'agence Santé Publique France se situe à 81 ans, et l'âge médian à 84 ans. Toutefois, ceci ne concerne que les décès à l'hôpital et il faut tenir compte également des EHPAD où sont survenus environ un tiers des décès et où la moyenne des résidents est de 86 ans. La moyenne d'âge des personnes dont l'épidémie de coronavirus aura précipité la mort se situe donc au-delà même de l'espérance de vie moyenne des Françaises et des Français qui était avant la crise respectivement de 85,7 et 79,8 ans [335]. Loin d'être une menace pour l'humanité, le Sars-Cov-2 est donc en réalité un accélérateur de fin de vie pour les personnes déjà globalement parvenues à ce terme. Et il ne l'aurait même pas été (ou pas davantage que les grippes saisonnières) si les personnes infectées avaient été soignées précocement plutôt que d'attendre que leur état se dégrade parfois irrémédiablement [336]. En outre, cette peur traduit aussi un défaut d'analyse de l'évolution de nos sociétés. En effet, le fait que la mortalité augmente globalement ces dernières années dans les sociétés occidentales est un phénomène structurel. Il traduit d'abord l'arrivée en fin de vie des générations du baby-boom, la hausse de la mortalité en découlant était ainsi annoncée par les démographes depuis des années [337]. Enfin et plus profondément, cette peur traduit parfois aussi une non-acceptation de l'issue fatale de la vie qu'est la mort de l'individu, déni qui caractérise les sociétés occidentales contemporaines où ont quasiment disparu tous les rituels religieux qui permettaient jadis d'intégrer pleinement la mort individuelle à la vie sociale [338]. Car s'il est légitime de souhaiter que les

335 L. Mucchielli, L. Toubiana, J.-F. Toussaint, « Mortalité du Covid en France : ce que nous apprennent les chiffres », *Journal International de Médecine*, 12 novembre 2020. Voir les chapitres XXX et XXXI du tome 2 de ce livre.

336 Cela aurait également diminué considérablement les symptômes parfois lourds et parfois durables (ce que l'on appelle les « covid longs ») des personnes plus jeunes.

337 G. Clavandier, *Sociologie de la mort*, Paris, Armand Colin, 2009, p. 162.

338 P. Ariès, *Essai sur l'histoire de la mort en Occident. Du Moyen Âge à nos jours*, Paris, Seuil, 1975 ; L.-V. Thomas, *Anthropologie de la mort*, Paris, Payot, 1975. Comme le fera remarquer Norbert Elias, ce déni s'accompagne d'une mise à l'écart croissante des personnes en fin de vie (N. Elias, *La Solitude des mourants*, Trad. Fce Paris, Bourgeois, 1987). Dans beaucoup de pays, la gestion de la crise sanitaire a du reste porté à son paroxysme la violence psychologique et morale vécue par toutes ces familles qui n'ont pas pu dire au revoir ni enterrer leurs

sciences biologiques et la médecine nous permettent de vivre de plus en plus longtemps, il est non seulement illégitime mais de surcroît infantile et dangereux de croire que le but de ces sciences et de cette médecine est de prolonger indéfiniment la vie. Cette idée se rapproche en effet dangereusement d'une croyance magique servant de base à une idéologie scientifique qui se développe en Occident depuis les années 1980 sous le nom de « transhumanisme » [339], et qui n'est pas sans rappeler à l'historien des sciences ses lointains parents hygiéniste et eugéniste [340]. Il s'agit d'un nouveau scientisme soutenu par quelques milliardaires anglo-saxons (les Elon Musk, Bill Gates, Jeff Bezos, Marc Zuckerberg, Larry Page, Peter Thiel et consorts) aux idées simplettes, ne sachant plus que faire de leur argent et le dépensant souvent en contradiction flagrante avec les idéaux auxquels ils font semblant d'adhérer [341]. Ce scientisme est popularisé par des essayistes à la mode (tel Laurent Alexandre en France) dont le biologiste Jacques Testart a mis en évidence les artifices [342]. Outre que sur le plan strictement scientifique ces discours relèvent en effet du « fantasme », il faut rappeler que « derrière le mythe transhumaniste s'avance masquée une gigantesque toile d'intérêts économiques. Les transhumanistes sont le pur produit d'une société où les puissances de l'argent, banques, multinationales industrielles et politiques règnent

---

aïeux durant les confinements.

339 F. Damour, D. Doat, *Transhumanisme. Quel avenir pour l'humanité?*, Paris, Le Cavalier Bleu, 2018.

340 A. Carol, *Histoire de l'eugénisme en France*, Paris, Seuil, 1995; D. Aubert-Marson, *Histoire de l'eugénisme*, Paris, Ellipses, 2010; et notre contribution: L. Mucchielli, « Utopie élitiste et mythe biologique: l'eugénisme d'Alexis Carrel », *Esprit*, 1997, 12, p. 73-94.

341 Pour ne parler que de leur bilan carbone, Elon Musk remplit l'espace de ses satellites et désormais de ses voyages spatiaux pour milliardaires; Jeff Bezos a fait construire le plus grand yacht du monde pour un demi-milliard de dollars et il a fait récemment des centaines de kilomètres en hélicoptère pour rejoindre Bill Gates sur la côte turque dans un autre super-yacht (loué par ce dernier pour fêter son anniversaire, pour la modique somme de 2 millions d'euros) avant de repartir discourir du réchauffement climatique et de l'avenir de la planète à la COP 26 se tenant en Écosse (« Outrage as billionaire eco warrior Bill Gates flies Jeff Bezos and FIFTY guests in helicopters to Turkish beach resort from his $2M-a-week yacht for his 66th birthday », *Daily Mail*, 31 octobre 2021.

342 J. Testart, « A mort la mort? Le transhumanisme sans limite », *Zilsel*, 2017, 2, p. 369-385. Puis son ouvrage avec A. Rousseaux, *Au péril de l'humain. Les promesses suicidaires des transhumanistes*, Paris, Seuil, 2018.

en maîtres », comme le relevaient également deux collègues neuroscientifiques [343]. Que ceci influence désormais tant l'industrie que les responsables politiques donne une singulière et inquiétante actualité aux réflexions critiques de Michel Foucault sur le biopouvoir et la biopolitique des corps [344].

Et tout ceci n'est pas sans liens avec ce que j'appelle l'idéologie vaccinale, derrière laquelle se profilent également des conceptions proches du transhumanisme (sauver l'humanité par le vaccin est le fond de la pensée de Bill Gates), conceptions qui sont d'un simplisme tout aussi confondant mais font pourtant l'objet d'une industrie et d'un commerce (pharmaceutiques) comptant parmi les plus lucratifs du monde [345]. Cette idéologie a de surcroît pénétré si profondément la culture professionnelle des médecins et des biologistes que la critique des vaccins y est devenue presque un tabou, au point chez certains de ne plus s'embarrasser avec l'éthique médicale en piétinant notamment le droit humain au libre consentement à l'administration d'un médicament quelconque (*a fortiori* quand ces médicaments sont encore en phase de test de sécurité !) [346]. Quelques médecins et savants parmi lesquels un certain Didier Raoult ont cependant eu le courage de rappeler que le mot « vaccin » n'est pas un mot magique et que la question « pour ou contre ? » est « une question idiote » car « l'objectif n'est pas de savoir si les vaccins, en général, sont bons ou mauvais, mais d'évaluer les risques éventuels de chacun et les bénéfices qu'ils présentent pour notre

343 J. Mariani et D. Tritsch, « Transhumanisme : de l'illusion à l'imposture », *Le Journal du CNRS*, 31 août 2018.

344 Par exemple M. Foucault, « Histoire de la médicalisation », *Hermès, La Revue*, 1988, 2 (2), p. 11-29, « Crise de la médecine ou crise de l'anti-médecine ? », *in* M. Foucault, *Dits et écrits*, tome III, *1980-1988*, Paris, Gallimard, 1994, n° 170. Dans l'épisode 60 de notre enquête, Nicolas Guérin (Aix-Marseille Université) rappelle aussi comment, dans *Surveiller et punir* (1975) Foucault avait mis en évidence, dans l'analyse des réactions aux épidémies de peste et à la lèpre, des logiques de « quadrillage tactique » de la population et de constitution d'une « communauté pure » par ostracisation et exclusion des autres (les non-vaccinés d'aujourd'hui) : N. Guérin, « Surveiller et punir en pandémie », *Mediapart. Le blog de Laurent Mucchielli*, 5 août 2021.

345 Comme Gates l'a lui-même reconnu le 23 janvier 2019, dans une interview pour la chaîne de télévision économique américaine CNBC, la rentabilité de ses investissements dans les vaccins est de 20 dollars gagnés pour 1 dollar investi (https://www.cnbc.com/video/2019/01/23/bill-gates-and-the-return-on-investment-in-vaccinations-davos.html).

346 Voir les chapitres XXXIII et XXXV du tome 2 de ce livre.

santé. Il faut également savoir quel vaccin peut rendre service à chacun d'entre nous, selon son sexe, son âge, son pays, son mode de vie, l'époque... » [347]. Et de rappeler également que la recherche sur les vaccins piétine depuis longtemps face à des maladies qui sont pourtant parmi les plus répandues et les plus mortelles du monde (le paludisme, la tuberculose et le sida) [348].

À cela, nous ajouterons trois choses. D'abord que les vaccins ne sont jamais venus à bout des grippes saisonnières (de nouveaux variants apparaissant en permanence, comme avec le coronavirus). Ensuite que cette idée de changement décisif de la vie humaine par la vaccination générale s'appuie sur une lecture naïve de l'histoire de la santé et de l'histoire de la médecine. En réalité, en matière de vaccin, les grandes victoires de la biologie et de la médecine depuis la fin du XIXe siècle n'ont pas consisté fondamentalement à prolonger l'espérance de vie des personnes âgées mais à faire quasiment disparaître la mortalité infantile (jadis très élevée), ce qui est totalement différent [349]. Enfin que si l'on ne peut évidemment pas imaginer ce que seront la vie des humains ni les progrès scientifiques dans un ou deux siècles, il est en revanche plus que probable que les principales maladies qui précipitent la mort des humains actuellement en Occident ne seront pas résolues dans les prochaines décennies par un quelconque vaccin. Elles relèvent en effet de pathologies qui ne sont pas le simple fruit de la dégénérescence physiologique progressive des individus, mais sont aussi des maladies de société, fabriquées par des formes d'organisation économique et des modes de vie sociale qui caractérisent la civilisation capitaliste occidentale devenant progressivement mondiale.

C'est par ces questions de santé publique générale que nous terminerons cette réflexion sur la crise du Covid. Non seulement le Covid a tué moins que bien d'autres maladies de civilisation (par exemple celles provoquées par le tabagisme [350] et par la pollution de l'air [351]), mais elle a surtout révélé les

347 D. Raoult, O. Recasens, *La vérité sur les vaccins*, Op. cit., p. 10.
348 Ibid., p. 18.
349 G. Clavandier, *Sociologie de la mort*, Op. cit., p. 141 et suiv.
350 C. Bonaldi et *al.*, « Estimation du nombre de décès attribuables au tabagisme en France de 2000 à 2015 », *Bulletin Épidémiologique Hebdomadaire*, 2019, 15, p. 278-284 ; F. Jenssen, « L'influence du tabac sur la mortalité en Europe », *Population et Sociétés*, 2019, n° 571.
351 J. Chen, G. Hoek, « Long-term exposure to PM and all-cause and cause-

fragilités physiologiques engendrées par certains de nos modes de vie. Après le grand âge, la deuxième grande caractéristique de la mortalité liée au Covid est le fait qu'elle concerne des personnes présentant ce que l'on appelle des « comorbidités », au premier rang desquelles figure l'obésité. Reconnue comme une maladie chronique depuis les années 1990, l'obésité engendre de nombreuses complications cardiovasculaires (l'hypertension artérielle, insuffisance coronaire), métaboliques (diabète de type 2, dyslipidémie), respiratoires (syndrome d'apnée du sommeil, insuffisances respiratoires), digestives et ostéo-articulaires. Elle accroît en outre le risque de développer certains cancers (sein, endomètre, colon, prostate) [352]. Or le nombre de personnes obèses dans le monde a triplé au cours du demi-siècle écoulé, concernant bientôt 15 % de la population mondiale et constituant désormais la cinquième cause de mortalité générale mondiale avec près de 3 millions de décès annuels [353]. En cause, la sédentarité, le confort matériel de vie mais aussi l'anxiété et les troubles du sommeil qui ne cessent de progresser et enfin, ou surtout, la qualité de la nourriture qui ne cesse de se dégrader du fait de son industrialisation croissante. La « malbouffe » est partout, avec ses offres illimitées de produits solides ou liquides bien trop sucrés ou salés et bien trop gras, mais aussi l'industrie du « light » et des prétendus régimes alimentaires, et elle est devenue une des plus graves causes de mortalité dans le monde [354]. Il faudrait aborder aussi les questions de la pollution de l'air, des OGM, des pesticides et des perturbateurs endocriniens [355]. Il faudrait également admettre et analyser

specific mortality: A systematic review and meta-analysis », *Environment International*, 2020, 143, 105974.

352 D. Nocca, « Prise en charge médico-chirurgicale de l'obésité morbide », *Hegel*, 2011, 2 (2), p. 2-15.

353 INSERM, « Obésité. Une maladie des tissus adipeux », 22 novembre 2019.

354 GBD 2017 Diet Collaborators, « Health effects of dietary risks in 195 countries, 1990–2017: a systematic analysis for the Global Burden of Disease Study 2017 », *The Lancet*, 2019, 10184, p. 1958-1972. Voir aussi P. Meneton, *2084. Pourquoi l'État joue avec votre santé*, Op. cit., p. 32 et suiv.

355 F. Nicolino, *Un empoisonnement universel. Comment les produits chimiques ont envahi la planète*, Paris, Les liens qui Libèrent, 2014 ; S. Horel, *Intoxication. Perturbateurs endocriniens, lobbyistes et eurocrates : une bataille d'influence contre la santé*, Paris, La découverte, 2015 ; J.-P. Gaudillière, N. Jas (eds.), « La santé environnementale au-delà du risque. Perturbateurs endocriniens, expertise et

la part des facteurs environnementaux dans l'augmentation continue de plusieurs formes de cancers, notamment les cancers du sein chez les femmes [356]. Et enfin parler longuement des effets secondaires parfois très graves de la longue série de médicaments fabriqués par l'industrie pharmaceutique (dont le *Mediator* est le plus connu en France [357]) pour « lutter contre » des maladies en partie générées par d'autres industries parentes (industrie pétrolière, industrie cigarettière, industrie agro-alimentaire, industrie automobile, etc.) [358].

En d'autres termes, tandis que quelques milliardaires discourent sur la venue future du surhomme qu'ils auraient sans doute aimé être, la médecine publique s'échine et dépense énormément d'argent public pour comprendre et tenter de soigner un ensemble de maladies chroniques générées par nos modes de production et de consommation, ces derniers étant fondamentalement organisés par les industries. Les États et les organismes supranationaux courant derrière pour tenter d'en réguler les effets désastreux les plus visibles sur la santé des populations. C'est ce terrain physiologique déjà fortement dégradé que viennent régulièrement mettre à l'épreuve des maladies infectieuses, qu'il s'agisse de zoonoses liées à la déforestation et à l'élevage industriel (le second entretenant le premier [359]) et/ou d'accidents industriels comme la fuite de laboratoire virologique qui semble à l'origine du coronavirus.

---

régulation en France et en Amérique du Nord », *Sciences sociales et Santé*, 2016, 34 (3), L. Mucchielli, « Pour une sociologie de la criminalité environnementale. Le cas des pesticides en France », *Bahitoune. Revue marocaine des sciences sociales et humaines*, 2020, 10, p. 9-23 ; L. Mucchielli. « Environmental and Corporate Crimes: The Case of Polluting Industries in France », *in* A. Balloni, R. Sette (eds)., *Handbook of Research on Trends and Issues in Crime Prevention, Rehabilitation, and Victim Support*, Hershey, IGI Global, 2020, p. 283-296.

356 A. Cicolella, *Cancer du sein. En finir avec l'épidémie*, Paris, Les Petits Matins, 2016.

357 Où il est un peu l'équivalent du scandale de l'OxyContin aux États-Unis (P. Radden Keefe, *Addiction sur ordonnance. La crise des antidouleurs*, Paris, C&F éditions, 2019).

358 M.-F Li, B. Cheung, « Rise and fall of anti-obesity drugs », *World Journal of Diabetes*, 2011, 2 (2), p. 19-23. Voir aussi M.-J. Del Volgo, R. Gori, *La santé totalitaire. Essai sur la médicalisation de l'existence*, Paris, Flammarion, 2014.

359 Voir récemment P. Gibert (dir.), *Regards croisés sur les pandémies. Écologie, évolution et sociétés*, Paris, CNRS éditions, 2021 ; et M.-M. Robin, *La fabrique des pandémies. Préserver la biodiversité, un impératif pour la santé planétaire*, Paris, La Découverte, 2021.

Dans le cas présent, il est probable que nous soyons victimes d'apprentis-sorciers qui jouent de façon irresponsable avec la source-même de la vie (le génôme humain [360]) et ce, tant dans la manipulation des virus que dans la fabrication de thérapies géniques improprement appelées "vaccins". Il y a urgence à préserver les populations de ces manipulations du vivant qui, outre leur dangerosité intrinsèque, détourne le regard des véritables enjeux de santé publique. Ces derniers tenant avant tout à nos modes de vies, que nous imposent les élites économiques et politiques gouvernant le monde actuel.

---

360 C. Godin, J. Testart, *Au bazar du vivant. Biologie, médecine et bioéthique sous la coupe libérale*, Paris, Seuil, 2018. On rappellera également l'importance de la Convention sur les droits de l'Homme et la biomédecine (dite Convention d'Oviedo, 1er décembre 1999), que la France a ratifiée par la loi sur la bioéthique du 7 juillet 2011, sans toutefois ratifier également ses quatre importants protocoles additionnels.

À l'heure du capitalisme triomphant

Noam Chomsky donne cette définition du capitalisme à domination états-unienne : « nous pourrions le décrire comme un ensemble de sociétés géantes (*mégacorporations*), souvent liées les unes aux autres par des accords stratégiques, administrant une économie mondiale qui est, en fait, une forme de mercantilisme régi par des sociétés qui tendent vers l'oligopole dans la plupart des secteurs, et ont largement recours à l'État lorsqu'il s'agit de faire supporter à la société les risques et les coûts ou de mettre au pas les éléments récalcitrants » [361]. « Jamais le capitalisme n'a été aussi puissant, aussi hégémonique. Il a domestiqué l'agriculture devenue industrielle, la consommation sous influence publicitaire, les services ubérisés, le monde de l'information et de l'informatique sous l'emprise des GAFA », nous dit également Edgar Morin au soir de son siècle de vie [362]. Il faut l'entendre et aller même au-delà car, de New York à Pékin et de Londres à Pretoria, le capitalisme à domination états-unienne et chinoise [363] est en train de réussir à faire en sorte que les États ne soient même plus des gendarmes cherchant à le réguler autant que possible mais des partenaires commerciaux auxquels il impose de plus en plus non seulement ses modes de production mais aussi ses conceptions même de ce qui est bien et bon pour l'humanité. En définitive, c'est tout une « administration des êtres et des institutions » qui cherche à s'imposer par « l'énoncé de règles 'imparables' (qui peut s'opposer à une médecine des 'preuves' ? qui peut refuser l'usage des 'meilleures techniques disponibles' ?), règles qui court-circuitent les savoirs professionnels (ceux de la clinique, par exemple) et invalident tout mode alternatif de jugement », conduisant finalement « à l'impuissance du politique et donc à la dévaluation et à la marginalisation des formes démocratiques », écrivait Dominique Pestre il y a quelques années, en conclusion d'un livre sur le gouvernement des technosciences [364].

361 N. Chomsky, *Sur le contrôle de nos vies*, Paris, Allia, 2003, p. 6.

362 E. Morin, *Leçons d'un siècle de vie*, Paris, Denoël, 2021, p. 117.

363 Le capitalisme s'adaptant donc aussi bien aux régimes démocratiques que dictatoriaux.

364 D. Pestre, « Le gouvernement du progrès et ses dégâts. Un essai de lecture

Le choc sanitaire de 2020 s'intègre parfaitement dans cette stratégie dont Naomi Klein a décrit les mécanismes [365]. Toute notre enquête montre aussi à sa manière combien les enjeux sanitaires dépendent d'enjeux environnementaux, qui dépendent eux-mêmes d'enjeux économiques et sociaux. Couper la santé de l'environnement aboutira à rendre le bien-être des populations humaines de plus en plus dépendant des industries. Et c'est aussi dans cette logique qu'on en arrive à des situations aussi absurdes que celle consistant pour Bill Gates et ses partenaires à se glorifier de vacciner toutes les populations du tiers-monde quand bien même beaucoup de ses dernières connaissent la famine ou la malnutrition, n'ont ni eau courante ni électricité, la « crise sanitaire » ayant encore dégradé leur situation [366]. En réalité, couper les enjeux environnementaux des dimensions économiques et sociales aboutira à faire simplement de l'écologie un slogan et un programme bureaucratique où quelques indicateurs statistiques remplissant de beaux *powerpoints* tout en couleurs viendront témoigner des valeureux efforts mis en œuvre par des gouvernements pourtant mariés par ailleurs avec les industries.

Tels nous semblent être, au-delà des mirages agités sous nos yeux, les véritables enjeux de demain. Ce livre espère aider à reprendre ses esprits et relever la tête, car les menaces qui pèsent sur la démocratie et sur l'ensemble des écosystèmes de notre planète sont plus fortes que jamais.

Bastia, décembre 2021

---

globale », *in* D. Pestre (éd.), *Le gouvernement des technosciences. Gouverner le progrès et ses dégâts depuis 1945*, Op. cit., p. 310-311.

365 N. Klein, *La Stratégie du choc. La Montée d'un capitalisme du désastre*, Op. cit.

366 « La faim n'a jamais été autant d'actualité dans le monde qu'aujourd'hui. La pandémie et la récession économique liée à l'arrêt des activités au niveau mondial ont un impact négatif très fort sur la faim dans le monde : Oxfam estime qu'entre 6 100 et 12 200 personnes pourraient mourir chaque jour de la faim avant la fin de 2020 » (« Le virus de la faim : comment le coronavirus sème la faim dans un monde affamé », *OXFAM France*, 9 juillet 2020).

Tableau 1: taux de mortalité et de létalité liées au Covid en Europe et en Amérique du Nord (=29 pays; taux pour 100 000 habitants)

Pays	Mortalité	Létalité (%)
Roumanie	262	3
Bulgarie	359	4
Bosnie-Herzégovine	355	4,6
Hongrie	319	3,5
Tchéquie	291	1,7
Slovaquie	243	2,6
Croatie	234	1,9
Slovénie	231	1,4
États-Unis	230	1,6
Belgique	228	1,8
Italie	220	2,8
Royaume-Uni	213	1,5
Pologne	205	2,5
Espagne	186	1,7
Portugal	177	1,7
France	177	1,6
Grèce	152	2,1
Suède	146	1,3
Luxembourg	137	1
Autriche	130	1,3
Estonie	121	0,8
Allemagne	116	2
Irlande	111	1,2
Pays-Bas	110	0,8
Malte	92	1,2
Canada	78	1,7
Danemark	47	0,7
Finlande	22	0,7
Norvège	17	0,4

Source: Johns Hopkins University of Medicine, novembre 2021.

Tableau 2: argent perçu de l'industrie pharmaceutique entre 2013 et 2021 par quelques-uns des médecins et protagonistes des conflits ayant traversé le débat public durant la crise du Covid en France

Médecins	Total € déclarés	Fonction et/ou prises de position
Jean-François Bergmann	1 326 462	Ancien vice-président de la Commission des autorisations de mise sur le marché (ANSM), affaire du Crestor, opposant à l'IHU de Marseille, signataire de la tribune des 66 médecins prétendant qu'il faut se vacciner pour protéger les autres
François Raffi	711 359	A été condamné par la justice pour avoir menacé de mort Didier Raoult par téléphone. Est directement impliqué dans la production du Xenothera, un autre médicament anti-covid auquel le protocole marseillais fait concurrence
José-Alain Sahel	500 865	Militant de la vaccination intégrale, signataire de la tribune des 66 médecins prétendant qu'il faut se vacciner pour protéger les autres, opposant à l'IHU
Jacques Reynes	347 593	A piloté l'essai COVIDOC à la demande du ministère de la Santé, arrêté avant son terme officiellement faute de patients
Véronique Leblond	324 601	Militante de la vaccination intégrale, signataire de la tribune des 66 médecins prétendant qu'il faut se vacciner pour protéger les autres
Karine Lacombe	259 379	Habituée des médias, opposante à l'IHU de Marseille depuis le début, a soutenu le Remdesivir de Gilead, militante de la vaccination intégrale
Gérard Reach	243 848	Militant de la vaccination intégrale, signataire de la tribune des 66 médecins prétendant qu'il faut se vacciner pour protéger les autres
Jean-Michel Molina	228 217	Auteur d'un article disant que l'hydroxychloroquine ne marche pas dans le journal officiel de la Société de Pathologie infectieuse de Langue Française (SPILF), qui perçoit elle-même de l'argent des industries pharmaceutiques
Didier Debieuvre	198 082	Militant de la vaccination intégrale, signataire de la tribune des 66 médecins prétendant qu'il faut se vacciner pour protéger les autres
André Grimaldi	189 720	Militant de la vaccination intégrale, signataire de la tribune des 66 médecins prétendant qu'il faut se vacciner pour protéger les autres, opposant à l'IHU
Gilbert Deray	172 761	Habitué des médias, opposant à l'IHU de Marseille depuis le début, a traité les médecins qui soignent précocement de « charlatans », militant de la vaccination intégrale des populations
Odile Launay	154 781	Membre du Haut Conseil de la Santé Publique et du Comité scientifique sur les vaccins covid-19, habituée des médias
Robert Cohen	150 975	Militant de la vaccination intégrale, signataire de la tribune des 66 médecins prétendant qu'il faut se vacciner pour protéger les autres
Jean-Paul Stahl	144 977	Ancien président de la SPILF et rédacteur en chef de la revue de la SPILF. A comparé l'hydroxychloroquine à du papier toilette

Bruno Hoen	86 985	De l'Institut Pasteur, opposant à l'IHU de Marseille depuis le début, membre de la commission sur les maladies infectieuses du Haut Conseil de la Santé Publique.
Alain Makinson	77 983	Travaille sur l'essai COVIDOC avec J. Reynes (ci-dessus) et V. Le Moing (ci-dessous)
Vincent Le Moing	72 727	Travaille sur l'essai COVIDOC avec J. Reynes (ci-dessus) et A. Makinson (ci-dessus)
Mathieu Molimard	45 006	Habitué des médias, opposant à l'IHU de Marseille depuis le début, militant de la vaccination générale
Stéphane Paul	43 085	Membre du Conseil scientifique vaccin Covid-19, a travaillé pendant plus de dix ans dans l'industrie privée du vaccin avant de prendre un poste en CHU
François-Xavier Lescure	36 149	Adjoint de Yasdan Yasdanpanah (Conseil scientifique Covid-19), opposant à l'IHU de Marseille depuis le début, soutien du Remdesivir
Bruno Mégarbane	35 196	Habitué des médias, militant de la vaccination intégrale et obligatoire

Sources :

– le site gouvernemental Transparence Santé (https://transparence.sante.gouv.fr/)

– ses versions plus facilement maniables (https://www.eurosfordocs.fr et https://transparence-sante.covidinfos.net)

– E. Campion, « Ambiguïté gouvernementale, liens d'intérêts au sommet de l'État : enquête sur la guerre secrète de la chloroquine », *Marianne*, 9 avril 2020.

– « Didier Raoult attaqué par la SPILF. Qu'est-ce que cela peut cacher ? », *France Soir*, 4 septembre 2020.

– « Conflits d'intérêts : à partir de douze on a un foyer épidémique ? », *France Soir*, 18 janvier 2021.

– « Scandale de la crise covid-19 : un panorama des liens et possibles conflits d'intérêts », *France Soir*, 2 octobre 2021.

– « Halte à la désinformation : Vaccinez-vous, protégez-vous... et ainsi, protégez les autres ! », tribune signée par 66 médecins, parue dans *La Tribune* le 12 décembre 2021.

Figures : nombre de décès standardisés toutes causes confondues entre 1998 et 2020 dans plusieurs pays européens
(source : Eurostat ; graphiques : www.lachainehumaine.com)

Allemagne

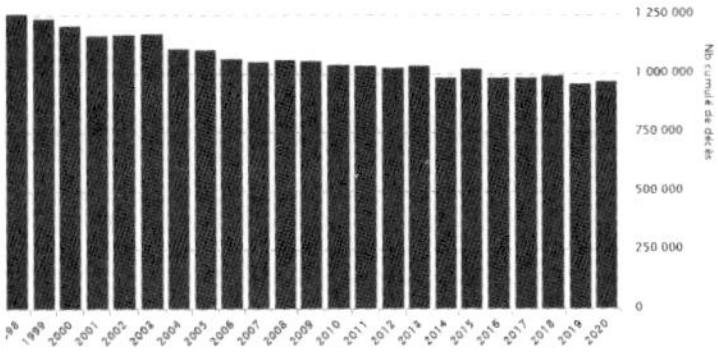

Belgique

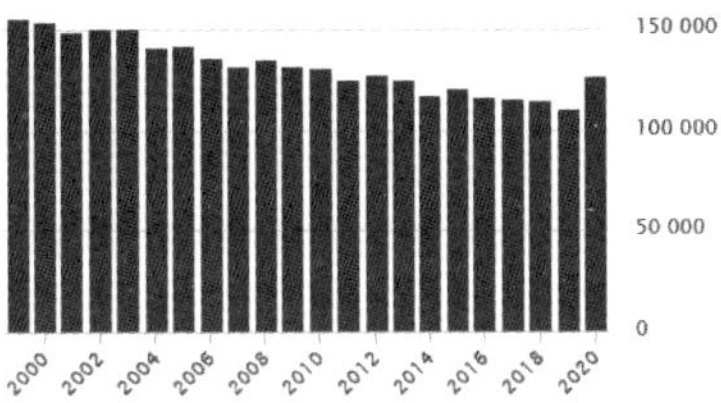

Danemark

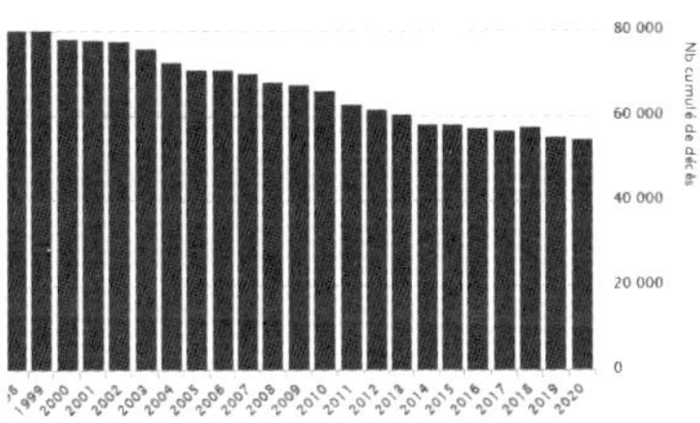

Espagne

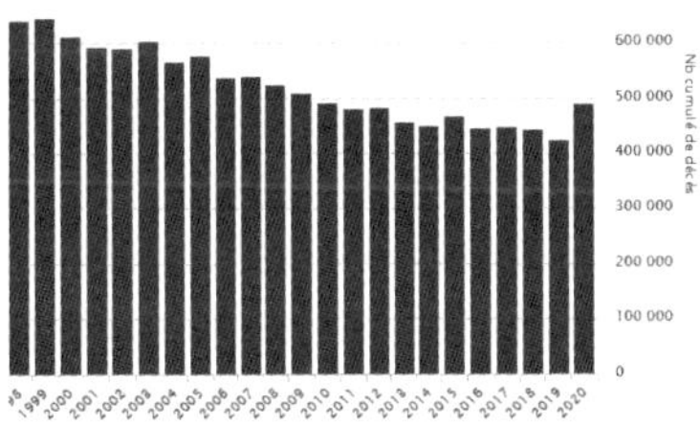

France

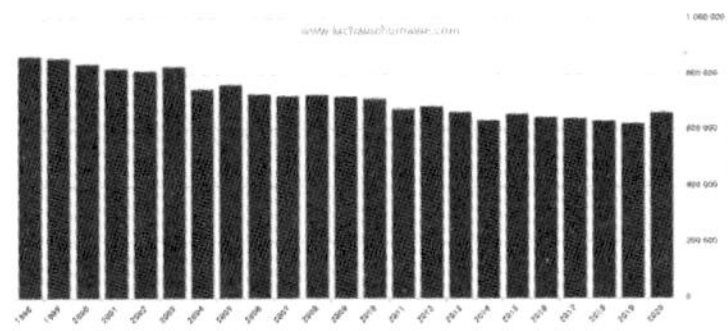

Grèce

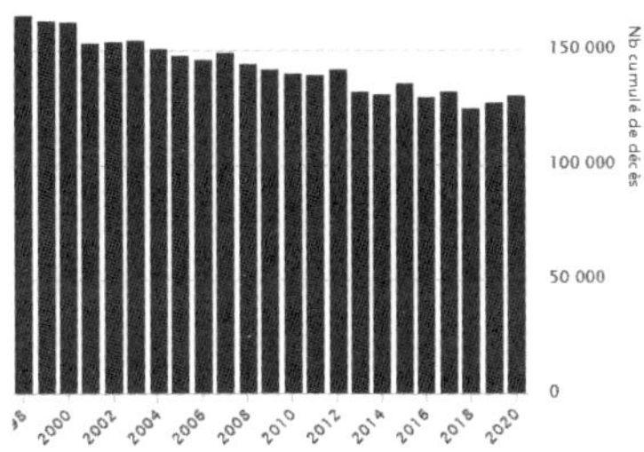

Italie

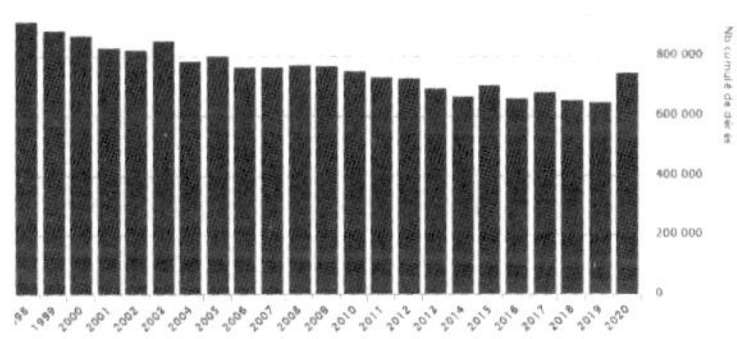

Norvège

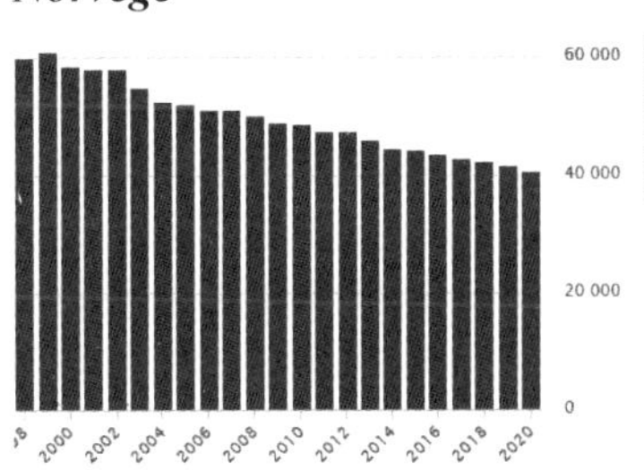

Pays-Bas

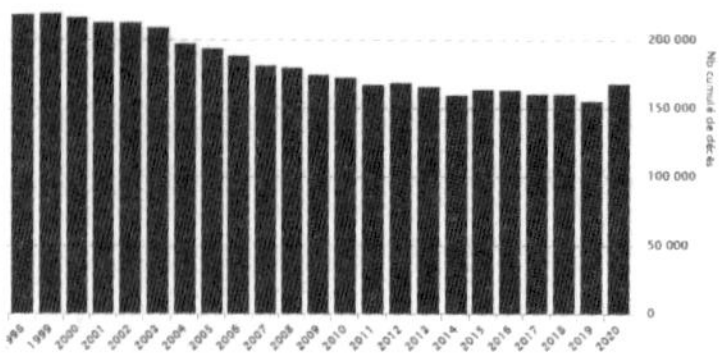

Suède

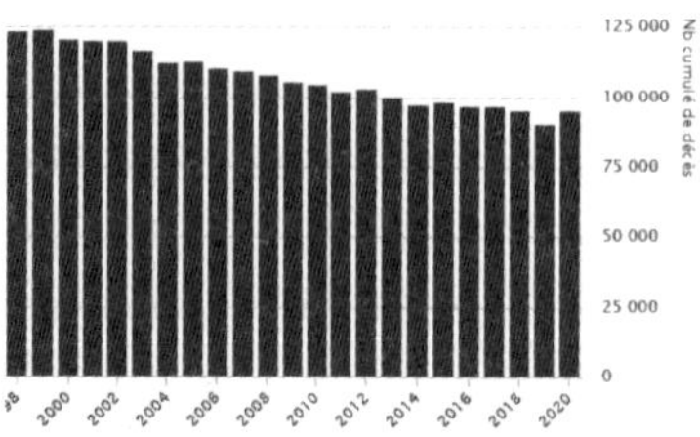

Suisse

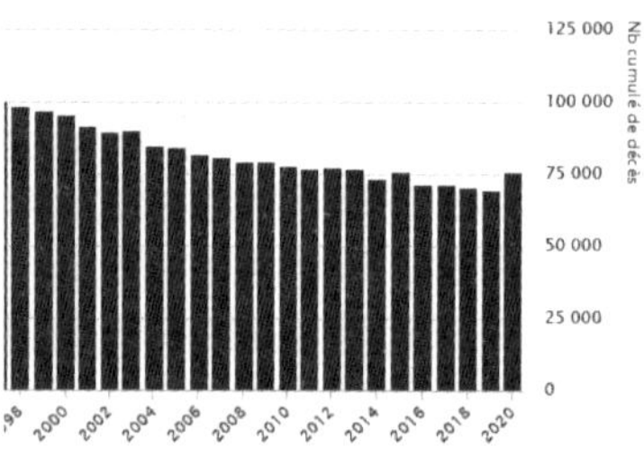